착한 사람을 위한
배신의 기술
The technigue of the betrayal for a good man

YAKUZA MO UNARU! "IIHITO" NO TAME NO JISSEN SHINRIJUTSU
by Tadashi Mukaidani
Copyright ⓒ2003 by Tadashi Mukaidani All rights reseved
Korean translation Copyright ⓒ2004 by Book Publishing-
CHUNGEORAM
Originally published in Japan 2003 by Interwork Publishers Co., Ltd.
Korean translation rights arranged through TOHAN CORPORATION, Tokyo and ShinWon Agency Seoul.

이 책의 한국어판 저작권은 ShinWon Agency와 TOHAN CORPORATION를 통해 Interwork Publishers Co., Ltd.와의 독점 계약으로 도서출판 청어람에 있습니다.
저작권법에 의해 한국 내에서 보호를 받는 저작물이므로 무단 전재와 무단 복제를 금합니다.

착한 사람을 위한
배신의 기술
The technigue of the betrayal for a good man

도서출판
청어람

착한 사람을 위한
배신의 기술

초판 1쇄 찍은 날 § 2004년 4월 30일
초판 1쇄 펴낸 날 § 2004년 5월 10일

지은이 § 무카이다니 다다시
옮긴이 § 이성수
펴낸이 § 서경석

편집장 § 문혜영
편집 및 디자인 § 김희정 · 김민정
마케팅 § 정필 · 강양원 · 이선구 · 김규진 · 홍현경

펴낸곳 § 도서출판 청어람
등록번호 § 제1081-1-89호
등록일자 § 1999. 5. 31
어람번호 § 제3-0027호

주소 § 경기도 부천시 원미구 심곡1동 350-1 남성B/D 3F (우) 420-011
전화 § 032-656-4452 팩스 § 032-656-4453
http://www.chungeoram.com
E-mail § eoram99@chollian.net

ⓒ 무카이다니 다다시, 2004

ISBN 89-5831-093-6 03830

※ 파본은 본사나 구입하신 서점에서 교환하여 드립니다.
※ 저자와 협의하여 인지를 붙이지 않습니다.

The technique of the betrayal
for a good man

목차

⇒ **일 단계(13~94)** ⇐

착하고 성실한 사람
손바닥을 뒤집는 사람
아무한테나 잘하는 사람
바빠 보이는 사람
까다로운 듯한 사람
발이 넓은 사람
자신의 실수를 솔직하게 인정하는 사람
약속을 어기는 사람

걸핏하면 '너한테만 하는 얘기' 라고 하는 사람
처음부터 무리한 부탁을 하는 사람
교통비를 속이는 사람
동료를 소중히 여기는 사람
착한 사람이 되려고 노력하는 사람
시비를 거는 사람

THE TECHNIQUE
OF THE BETRAYAL

'당신밖에 없다'는 점을 호소할 때
부하를 전폭적으로 신뢰한다
조언을 구해올 때
과거의 언동에 얽매이는 사람
직구로 승부하는 사람

아니꼬울 정도의 아첨을 하는 사람
뒤처졌을 때 열심히 하는 사람
연대 의식을 갖게 하는 사람
팁을 받지 않는 사람
통장의 잔고가 점점 줄어들 때
목표를 크게 잡는 사람
자신을 희생하는 사람
의식을 중요하게 여길 때
정상을 갈망하는 사람

FOR A GOOD MAN

⇒ 이 단계(95~190) ⇐

조리를 앞세우는 사람
대화로 사람을 끌어당기는 사람
왠지 모르게 착각하게끔 만드는 기술
자기 스토리를 만드는 사람
빈말을 곧이듣는 사람
화제의 중심을 바꿔치는 사람
사소한 부탁을 하는 사람

본심을 밝히는 사람
상대의 겸손을 인정해 준다
돈을 빌릴 때
싸구려 양복을 입는 사람
전화를 활용할 때
무리한 주문에 처음부터 '무리'라고 말하지 않는 사람
과잉 서비스를 베풀 때
접대로 일을 마무리하는 사람
어려운 부탁은 거절하라
명령을 이해시켜 스스로 하도록 유도할 때
상의하달(上意下達)이 성립할 때
책임 소재를 확실히 하는 사람
아부할 때

THE TECHNIQUE
OF THE BETRAYAL

일을 효율적으로 처리하는 사람
부서의 사기를 북돋을 때
격려할 때
외주를 풍부하게 사용하는 사람
상호 비교 견적을 하는 사람
사내 불륜이 들통나게 되었을 때
관례를 신경 쓰지 않는 사람
금품을 강요하는 사람
패자에게 친절하게 대할 수 있는 사람

⇒ **삼 단계**(191~238) ⇐

허풍 치는 사람과 그 허풍에 속는 사람
'자네니까 하는 얘기야'를 남발하는 사람
유능한 부하를 거느리게 되었을 때
소문에 밝은 사람
인정에 호소하는 사람
라이벌의 공로를 가로채자
난공불락의 고객을 공략할 때
남과 다르게 행동하는 사람
여러 사람에게 동시에 돈을 빌리는 방법
특별한 이유 없이 갑자기 거래 중지를 고하는 사람
도둑 고양이에게 먹이를 주는 사람
고객을 가로챌 때

FOR A GOOD MAN

이야기를 시작하기 전에

사람을 배반한 적이 없는 인간은 기생충이나 빈대와도 같다. 만약 꿈과 의지가 존재한다면 언젠가는 반드시 배반한다. 이것이 이해관계 속에서 사는 인간 사회의 숙명이다.

하지만 우리는 '이렇게 하고 싶다'고 바라면서도 인간관계에 얽매어 행동으로 옮기지 못한 채 고민하면서 살아간다. '배신자'라는 비난이 두려운 나머지 '인생의 가능성'을 스스로 끊어 버리고 있는 것이다. 이래서는 안 된다. '배신'은 자기의 생활 방식이 상대의 생각과 맞지 않은 결과일 뿐인데 그것을 '배신당했다'고 비난하는 사람은 '자기와 죽을 때까지 같은 배를 타야 한다'고 강요하는 것과 다름없다. 그런 말도 안 되는 소리는 무시해 버리고 자기 신념에 따라 떳떳하게 살아가자.

배반하는 일도 없이 자상한 사람을 '착한 사람'이라고 한다. 이런 사람은 인간으로서 정말 멋있게 사는 것처럼 생각되기 쉽지만 사실은 그렇지 않다. '착한 사람'이라 함은 언제나 상대가 부려먹기 쉬운 사람에 불과한 것이지, 멋지니 뭐니 할 것도 없다. 이 부분을 착각하기 때문에 '착한 사람'의 삶은 답답하기만 하다. 남을 너무 의식하니까 자아를 잃고, 화가 나도 그냥 웃어 넘기고 마는 것이다.

'남이 먼저고 자신은 나중'이라는 생각은 때론 절호의 기회마저 라이벌에게 양보하여 '미운 오리 새끼'만 큰소리치고 다니고, 정작 '착한 사람'은 뒷전에 가 있는 사태를 야기한다.

이런 바보 같은 삶이 또 어디 있겠는가. 좋을 리가 없지 않은가. 그렇다고 해서 남을 짓밟으라는 이야기도, 은혜를 원수로 갚으라는 이야기도 아니다. 하지만 '배신자'라는 비난이 두려워 언동이나 인간관계에 급급해하면서까지 아까운 인생을 보내는 일은 너무 어리석지 않은가. 이 책은 인생을 더 즐겁고, 자유롭게 살기 위한 방법론으로서 '배반술'의 비결을 소개하고 있다.

삶에 보탬이 된다면 기쁨으로 생각하겠다.

일 단계

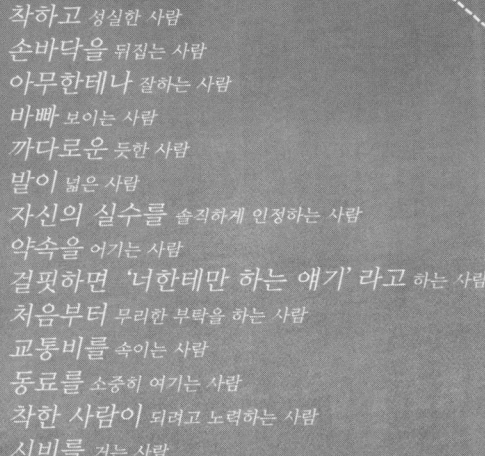

착하고 성실한 사람
손바닥을 뒤집는 사람
아무한테나 잘하는 사람
바빠 보이는 사람
까다로운 듯한 사람
발이 넓은 사람
자신의 실수를 솔직하게 인정하는 사람
약속을 어기는 사람
걸핏하면 '너한테만 하는 얘기'라고 하는 사람
처음부터 무리한 부탁을 하는 사람
교통비를 속이는 사람
동료를 소중히 여기는 사람
착한 사람이 되려고 노력하는 사람
시비를 거는 사람

'당신밖에 없다'는 점을 호소할 때
부하를 전폭적으로 신뢰한다
조언을 구해올 때
과거의 언동에 얽매이는 사람
직구로 승부하는 사람
아니꼬울 정도의 아첨을 하는 사람
뒤쳐졌을 때 열심히 하는 사람
연대 의식을 갖게 하는 사람
팁을 받지 않는 사람
통장의 잔고가 점점 줄어들 때
목표를 크게 잡는 사람
자신을 희생하는 사람
의식을 중요하게 여길 때
정상을 갈망하는 사람

착하고 성실한 사람

    수단과 방법을 가리지 않고 결과만 좋으면 된다. 이것이 바로 현실이다. 남을 끄집어 내리든 속이든 간에 출세만 하면 되는 것이다.
    지금 세상은 불공평하게도 직장에서 '착한 사람' 일수록 무능하다는 소리를 듣고 '못된 사람' 일수록 이상하리만치 출세한다. 그렇다면 '착한 사람'은 왜 무능하다는 소리를 듣는 것일까? 말썽이 싫어서 자기 주장을 내세우지 않기 때문이다.
    직장이라는 곳은 공동의 이해관계를 가지고 타사와 경쟁하고 또 동료들과도 경쟁해야만 하는 곳이다. 즉, '동료=라이벌'이라는 모순된 인간관계 속에서 직원들이 걸어야 할 길은 두 가지밖에 없다. 다시 말해서 자기 주장을 내세우든지 남을 따르든지 하는 것인데 자기 주장을 내세우다 보면 반드시 동료와 말썽이 생겨 끝내는 적이 되고 만다. 즉, '저 녀석은 말이야…' 이런 말을 해가며 뒤에서 흉을 보기 때문에 해가 되기도 하고 때론 득이 되기도 한다.

의지가 있는 사람은 비즈니스 사회라는 시합에 참가해서 싸우는 운동 선수와도 같다. 남을 따르게 되면 아군이 되어 분쟁은 일어나지 않는다. 즉, '저놈은 좋은 녀석'이라고 모두 좋아하기 때문에 해도 안 되고 득도 안 되는 그런 아군으로 남는 것이다.

하지만 의지가 없는 사람은 시합에 참가한 운동 선수가 아닌 '관객'임과 동시에 응원단일 뿐이다.

시합에 출전도 못하는 사람에게 경기 능력을 묻는 것은 무의미하다. 어떤 사회에서든 이름을 날린 사람은 간에 붙었다 쓸개에 붙었다 하는 것이, 신참 때부터 뭔가 달라도 다르다.

나쁜 일에 강한 사람, 드센 사람, 냉정한 사람, 아무렇지도 않게 배반하는 사람 등 아무리 주위에서 손가락질을 해도 개의치 않고 자신의 의지를 관철시키는 사람에겐 언제나 길은 열리게 마련이다.

⇒ **배반의 힌트** ⇐
평판이 나빠도 끝까지 밀고 나간다

손바닥을 뒤집는 사람

'손바닥을 뒤집었다', '기르던 개에게 손을 물렸다', '은혜를 원수로 갚았다' 등 스스로 배반당했다고 하는 사람이라면 한 번쯤은 입에 담는 말이다.
하지만 손바닥은 뒤집으라고 있는 것이고, 기르던 개라고 해서 반드시 물지 말라는 법은 없다. 또 은혜는 아무런 대가를 바라지 않았을 때 아름다운 것이다.
장래를 생각해서 '이렇게 하는 편이 더 좋겠다'고 판단하여 행동으로 옮긴 결과가 상대에게 해를 입히는 것, 이것이 '배반'의 본질이다. 그래서 배반을 하지 않는 사람은 그냥 기생

해서 살아나가는 빈대나 벼룩과 다를 바가 없다. 여기에 의지가 들어가면 결과적으로 배반은 피할 수 없다. 이것을 일일이 '배반당했다'고 큰소리로 떠드는 것은 배반한 사람에 대한 예의가 아니다.

고이즈미 준이치로(小泉純一郎) 일본 총리는 서로 힘을 합해서 '고이즈미 붐'을 일으켜 준 다나카 마키코(田中眞紀子) 전 외무부 장관을 끊이지 않는 외무부 소동을 이유로 경질했다. 어느 누가 봐도 고이즈미 총리의 손바닥 뒤집기였다.

그러나 세상은 총리를 비판하지 않았다. 어째서일까? 이는 '저 정도라면 나라도 어쩔 수 없지' 하고 국민들이 경질을 이해했기 때문이다. 핵심은 이 부분이다. 배반했는지 어쨌는지가 아니라 '배반한 이유'가 중요하다. '그렇구나'라고 주위 사람들이 이해하면 그 배반은 정당하다. 바꿔 말하면 '과연 그렇구나…'라고 생각되는 이유만 있으면 배반은 언제든지 '정의'로 변할 수 있다. 배반 따위는 결국 이런 정도의 것이니 전혀 분해할 필요가 없는 것이다.

마키코 씨를 살펴보자. 경질이 되자마자 안면을 싹 바꿔

'총리는 자기의 저항 세력!'이라고 큰소리치며 어제까지 적이 었던 야당의 갈채를 받았다. 비꼬는 말이 아니라 정말 대단하지 않는가. 이런 정치인의 두꺼운 얼굴과 악착같은 삶을 십분의 일만 닮아도 보다 편한 인생을 살 수 있을 것이다.

⇒ **배반의 힌트** ⇐
등을 돌릴 때는 재빠르게

아무한테나 잘하는 사람

광고 대리점 영업부에 근무하는 A는 성격도 밝고 착한 사람으로 고객에게 평판도 좋고 실적도 좋아서 언제나 상사에게 사랑받으며 장래도 촉망되는 젊은이다. 그런데 요즘 들어 동료들이 그를 외면하기 시작했다.

"A군은 팔방미인(여기서는 누구한테도 싫은 표정을 짓지 않고 모든 사람들과 아무 말썽 없이 잘 지내려고 애쓰는 사람을 멸시하는 의미로 쓰였다—역주)이라서 말이야."

이것이 이유였다. 팔방미인, 즉 아무한테나 비위를 잘 맞춰서 신뢰할 수 없는 살살이. 남자로서 가장 나쁜 타입인데 왜 자신이 그런 말을 들어야 하는지 A 역시 충격이었다.

인기있는 사람에게 항상 따라다니는 말이 '팔방미인'이라는 비꼬는 말이다. 하지만 '팔방미인'이라고 해서 창피하게 생각할 필요는 없다. '팔방미인'이라고 하는 야유는 상대방의 질투에서 비롯되기 때문이다. 예를 들어 A와 친한 B 눈에는 남들과 사이 좋게 지내는 A가 못마땅하다는 말을 '저 녀석은 팔방미인'이라고 하여 트집 잡고 있을 뿐이다. 만약 여기저기 아무한테나 잘하는 것이 나쁘다고 한다면 '팔방'이 아니라 '십육방미인'이라고 하면 어떨까? 아니, '사십팔방미인', '구십육방미인…'이라면?

유명한 탤런트를 보면 알 수 있듯, 만인에게 웃으며 손을 흔든다고 해서 '팔방미인'이라고 말하는 사람은 없다. 아니, 어중간한 '팔방'이니까 말이 많은 것이다. 남한테 잘 대하는 것이 뭐가 나쁘냐는 마음가짐으로 점점 '미인'이 되어간다면 주위에서 굽실거리며 다가올 것이다. 이것이 바로 '인간관계'다.

⇒ **배반의 힌트** ⇐
팔방미인보다 더 위를 지향하자

바빠 보이는 사람

　연예인 프로덕션에 갔더니 이달의 스케줄 표가 벽에 걸려 있었다. 여자 탤런트 이름이 적혀 있고 날짜 란에 '협의', '촬영', '영업', '보이스 트레이닝' 등이 쓰여 있었다. 인기 탤런트라면 몰라도 한물간 가수가 저렇게 바쁜가 싶어 잘 아는 매니저에게 물었더니 '사실 스케줄은 거의 없지만 이렇게 써놓는다'고 대답했다. 바쁜 것처럼 써놓으면 인기인처럼 보이기 때문이라는 것이다. 즉, 연예인에게 인기 탤런트는 바쁘다라는 식이었다.
　실력있는 매니저는 '바쁘다'를 연출해서 '바쁘다=인기 탤런트' 의 이미지를 만든다. 특히 주간지 등의 취재가 있을 때면 더욱 심하다. 이 때문에 취재 기자는 '꽤 인기가 있구나' 라 생각하게 되고, 그렇다 보니 기사의 내용 또한 좋아진다는 것이다. 이처럼 샐러리맨도 바쁜 사람은 왠지 유능해 보인다. 아니, 정확히 말하면 '바빠 보이는 사람이 유능하게 보인다' 는 말이다.

유능하다고 평가되면 그만큼 질 높은 일이 들어온다. 그렇기 때문에 이 '바쁘다' 를 연출해야만 한다. 커피숍에서 협의할 때도 30분 늦춰서 약속이 겹치도록 하는 등 여러모로 궁리를 한다면 아이디어는 얼마든지 있다.

⇒ **배반의 힌트** ⇐
약속을 겹치게 한다

까다로운 듯한 사람

 다정하게 웃는 모습을 보고 '착한 사람이구나'라고 생각했던 사람이 갑자기 '뭐야! 이 바보자식!' 같은 욕설을 퍼붓는 장면을 봤을 때는 왠지 배반당한 느낌이 든다. 반대로 무뚝뚝하고 무섭게 생겼다고 생각한 사람이 사소한 일에 신경 써주면 '착한 사람이잖아'라고 생각하게 되어 왠지 모르게 기분이 좋아진다.
 동일 인물이라 해도 '다정한 것 같다'에서 '무섭다'보다는 '무서운 것 같다'에서 '다정하다'라는 배반이 훨씬 인상이 좋다. 하지만 인간은 '착한 사람'으로 보여지기를 원하고 '다정한 사람'이라고 불리기를 바란다. 그렇기 때문에 웃는 얼굴을 하지만 항상 웃고 있을 수는 없기에 때로는 화를 낸다.

그런데 화를 낸 이때 평가가 떨어진다. 그래서 평상시에는 무뚝뚝한 얼굴이 좋은 것이다.

첫 대면에 실실 웃으면서 '착한 사람'을 연출할 게 아니라 '왠지 까다로울 것 같다'는, 아니, 더 심하게는 '재수없는 녀석'이라는 인상까지 주는 게 좋다. 이보다 나쁜 평은 없으니 조금만 노력하면 평가는 순식간에 좋아지기 때문이다.

정중한 말투를 하면 '이 사람 보기보단 신사일지도 모른다'고 상대는 재평가한다. '먼저 하시죠'라는 양보에도 '이 사람 의외로 착한 사람일지도 모른다'며 재평가하게 되기도 한다. 간혹 웃기라도 하면 '어, 웃기도 하잖아'라며 보통 사람이라면 평가받지 못할 부분까지도 평가받게 되는 것이다.

⇒ **배반의 힌트** ⇐
항상 무뚝뚝해라

발이 넓은 사람

 발이 넓지 않아도 좋다. 넓은 것처럼 보이면 된다. 즉, 사람들은 '발이 넓은 것 같은 사람'을 '발이 넓은 사람'과 똑같이 보기 때문이다. 어떻게 해야 발이 넓은 것처럼 보일까.

 답은 발이 넓은 사람과 교제하는 것이다. 없으면 아는 사람의 아는 사람을 찾는 등의 노력을 한다. 그리고 가끔 술을 같이 하면 여러 가지 이야기도 들을 수 있다. 즉, '오토츠 상사가 상해(上海)에서 새로운 설비 공장을 만든다고 하던데', 'A방송국이 스모 중계에 손을 뻗치고 있다는데', '한신타이거스의 호시노 감독이 재혼 발표한다는 얘기가 있던데'처럼 말이다.

 이 정도로 약간의 수긍만 해주면 상대는 얼마든지 이야기를 해줄 것이다. 이런 식으로 자기 생각인 것처럼 말하면 된다.

 단, '잘 알아, 잘 알아'는 안 된다. 파티장을 돌아다니며 유명인이나 유명 회사의 명함을 모아서 그것을 자랑하는 인간을 '명함맨'이라고 하는데 '잘 알아, 잘 알아'라는 말을 퍼뜨리는 것은 명함맨과 같은 종류의 인간이다. 이들을 사람들은 '뭐야, 이 자식'이라며 거들떠보지도 않을 뿐더러 인맥이 넓다고도 전혀 생각하지 않는다.

 직접 말하지 않고 살짝 냄새만 풍겨놓아도 주위 사람들은 '상당히 발이 넓은 것 같다'고 자기 맘대로 생각하고 그러는 동안에 '저 사람은 발이 넓다'고 차차 소문이 나게 된다. '그렇게 생각처럼 쉽게 되느냐'고 여기는 사람은 사람 평판이 허상이라는 사실을 모르기 때문이다.

 부자처럼 보인 사람이 사실은 찢어지게 가난하다든지, 인상이 무서운 사람이 사실은 겁쟁이라든지, 청순하게 생긴 사람이 사실은 화류계 여자라든지, 거지인 줄 알았더니 사실은 엄

청난 부자라든지······.

  인간에게는 누구나 표면적으로 본심과 다르게 사는 것과 같이 평판이나 이미지, 또 실상과 허상이 있다. 바꿔 말하면 허상의 연출은 얼마든지 가능하다는 뜻이다. 중요한 것은 '좋아, 한 번 해보자' 라는 마음가짐과 진지하게 할 수 있느냐 없느냐에 달려 있다.

⇒ **배반의 힌트** ⇐
인맥이 있는 것처럼 보인다

자신의 실수를
솔직하게 인정하는 사람

길이 막혀서 고객과의 약속에서 늦었다고 치자.

"죄송합니다. 일찍 출발했는데 월말인 데다가 도로까지 막혀……."

대부분 이런 식의 사과를 하지만 이것은 핑계에 지나지 않기 때문에 상대는 화를 낸다. 말로는 '미안합니다'라 하면서 '하지만 제 잘못은 없습니다'라 주장하고 있기 때문이다.

월말을 끄집어내는 것은 '시간에 맞춰서 나왔다, 월말이라서 길이 막혔다, 그래서 내 잘못이 아니다'를 돌려서 말하고 싶은 심리가 작용한 것이다. 그러나 대부분 말이 상대를 화나게 하는 원인이 된다.

"월말인 것은 다 아니까 더 빨리 나왔으면 될 거 아닙니까?"

"그렇게 생각하고 나왔는데 그 순간 전화가 오는 바람에……."

이때 상대는 '그럼 뭐야, 늦게 온 당신은 잘못이 없고 멍청히 기다린 나는 얼간이란 말이냐'라고 말하고 싶어진다. 고객과의 말썽은 흔한 일이지만 사과를 하는 최선의 방법은 핑계를 대지 말고 순순히 잘못을 인정하는 것이다. 즉, '너무 죄송합니다'라고 한마디만 하면 된다.

이렇게 머리 숙이는 일은 상대에게 받은 공을 다시 되던지는 것이다. 그러면 상대는 '용서하느냐, 마느냐' 둘 중 하나로 결단을 내리게 된다.

'상대가 잘못했다, 그래서 내가 화를 냈다, 그랬더니 상대가 사과를 한다. 그래도 화를 낼 것인가' 이것은 상대에게 상당한 부담을 준다.

인간은 사과하는 사람에게 계속해서 화를 내지 못하기 마련이다. 실컷 퍼부은 후 결국에는 용서할 수밖에 없다. '사과하면 다야! 무슨 말 좀 해봐!' 우리가 자주 듣는 이 말은 용서할 수밖에 없는 것에 대한 불안감이다. 상대의 입에서 이 말이 나오면 그가 어떤 식으로 화를 내도 일단 고비는 넘겼다고 봐도 좋다.

⇒ 배반의 힌트 ⇐
순순히 '미안합니다' 라고 사과하자

약속을 어기는 사람

"어, 그런 말 한 적 있었나?"

약속을 어기고도 뻔뻔할 수 있는 인간은 강인하다.

보통 사람은 일단 약속을 하면 어떻게 해서든지 지키려고 한다. 마음에 내키지 않는 약속이라 할지라도 그것을 어기는 것은 생각조차 할 수 없는 일이다. 왜 약속을 어기지는 못하는가.

자신의 신용 문제에 관련되기 때문이다. 신용을 지키려 하기 때문에 '뻔뻔스러운 인간'이 될 수 없는 것이다. 하지만 정말로 '약속을 지킨다=신용'일까? 대답은 아니다.

잘 살펴보면 처음에 한 말을 번복하고 약속을 어기는 뻔뻔스러운 '인기인'이 있다는 것을 알 수 있다.

대표적인 예로 고이즈미 준이치로를 들 수 있다. 그가 '야스쿠니(靖國) 신사 참배 문제'를 번복한 것은 수상 취임 네 달 후의 일이다. 아시다시피 야스쿠니 신사에는 A급 전범자가 묻혀 있어 전부터 각료 참배에 대해서 찬반이 많아, 매년 8월 15일 종전 기념일이 다가오면 매스컴이 들끓는다.

이에 대해 고이즈미 수상은 수상 취임 직후, '한 개인으로서 종전 기념일에 참배하는 것에 왜 그토록 반대하는지 이유를 모르겠다'고 딱 잘라 말했다. 수상의 이런 단호한 자세에 박수를 보낸 국민도 적지 않았다.

그러고 나서 종전 기념일이 다가오자, '여 3당의 의견을 허심탄회하게 숙고해서 판단하겠다'고 목소리를 낮췄고 '입은 하나, 귀는 두 개'라며 주위 의견의 중요성을 내비쳤다. 수상은 8월 13일, 이틀 앞당겨 야스쿠니 신사를 참배했다. 다시 말해 약속을 어긴 것이다.

그런데 약속을 어겼다고 해서 고이즈미 수상이 국민들한테

외면당했을까. 그렇지 않다. 아시다시피 그는 이전 자민당 총재 경선에서도 압도적인 인기로 재선했다. 또한 그 유명한 '시오 할아버지'를 가리키는 시오카와 세이지로 역시 그랬다.

앞서 한 말의 모순을 지적당했을 때 '그런 말 한 적 없다'고 딱 잡아떼도 비판받기는커녕 변함없이 인기가 많다. 이런 것을 보면 우리가 '약속'에 너무 속박되어 있는 것을 알 수 있다.

물론 약속은 지켜야 하지만 약속대로 되지 않는 것이 세상일이고 그런 것쯤은 누구나 알고 있는 사실이다. '내가 약속을 어긴 것이 아니다!'고 강하게 나가든지, '그런 말 한 적 있었나'라고 시치미를 떼든지, 아니면 '미안하다'고 솔직하게 말하자. 자신의 상황에 맞는 핑계를 대면 된다.

⇒ **배반의 힌트** ⇐
센스있는 핑계를 대자

걸핏하면 '너한테만 하는 얘기'라고 하는 사람

"너한테만 하는 얘기인데 비서실의 M이 사채를 써서 주말에는 몸을 파는 아르바이트를 한대. 절대 말하면 안 돼."

'너한테만 하는 얘기'는 어느새 '그 주위 사람들의 얘기'가 되어 사내에 퍼진다. 인간은 '말하지 말라'고 하면 이상하게 말하고 싶어진다. 즉, 비밀을 자기 혼자 알고 있다는 것은 상당한 스트레스이기 때문이다.

반대로 '이 제품을 여기저기 알려라'라고 한다면 '알려야 된다'는 그 자체가 스트레스가 되어 도리어 알리지 않게 된다. 그러므로 소문을 퍼뜨리고 싶으면 '너한테만 하는 얘기인데…'라며 '너한테만'을 강조해서 말하면 된다.

⇒ 배반의 힌트 ⇐
기분 좋게 비밀 이야기를 듣는다

처음부터 무리한 부탁을 하는 사람

'부탁'은 상대가 들어줄 수 없는 것부터 제시한다. 이것이 철칙이다.

"싸움이 벌어졌는데 도와줘!"

가족처럼 지내는 A파 두목이 B파 두목에게 사람을 보내달라고 요청했다.

"알았어. 그래, 어떻게 하면 돼?"

"행동 대원을 보내줘. 회장을 없애려고 해."

B파 두목은 놀랐다. '알았다'고 대답한 것은 상대인 A파의 '조무래기'인 줄 알았기 때문이다. 본가 A파 회장을 없애려면

싸움이 커지게 되고, 게다가 이쪽의 행동 대원까지 보내면…
무슨 수를 써서라도 거절해야 했다.

"지금은 본가와 거래가 있어서 애들을 보낼 수 없어."

"아, 그래? 그럼 큰일인데… 우리 애들은 얼굴이 다 알려져서 회장한테 접근하기가 힘들어."

"심정은 이해하지만 좀 어렵겠는데……."

"어쩔 수 없지, 뭐. 그럼 돈이라도 좀 밀어줄 수 없겠나?"

"그거라면 어떻게 해볼게. 얼마나 있으면 돼?"

"1억 엔."

B파 두목은 깜짝 놀라며 '이 불경기에 그만한 돈은 힘들어'라고 대답한다.

"그렇다면 3천만 엔이라도 부탁해!"

A파 두목은 거침없이 말한다.

"알았어."

B파 두목은 애들을 보내지 않게 되어 안도의 한숨을 쉬고 전화를 끊는다. 한편 A파 두목은 당초의 예상대로 3천만 엔을 교묘하게 뜯어내서 내심 만족해한다.

A파 두목의 목표는 처음부터 '3천만 엔'이었다. 그는 이 목표를 달성하기 위해 '행동 대원(살인)' 혹은 '1억 엔'과 같이 처음부터 B파 두목이 들어줄 수 없는 무리한 부탁만을 반복한 것이다. 이것이 '부탁'의 기본이다.

"미안하지만 보증 좀 서주지 않겠어?"
"보증만은 안 되는데."
"어떻게 해서든지 백만 엔이 필요해서 말이야."
"백만 엔은 힘들어."
"그럼 20만 엔이라도 부탁해."

이런 식으로 하면 회답이 오지 않는 경우가 없을 뿐더러 상대도 '아휴, 다행이다' 하고 안도의 한숨을 내쉬게 된다. 이때는 부탁을 한 쪽이 오히려 양보한 것이 되어 부탁한 쪽의 처지가 우월해지게 되는 것이다.

하지만 대부분의 사람은 이렇게 하지 못한다. '간절히 부탁' 하기 때문이다.

"미안하지만 30만 엔 정도 빌려줄 수 없겠나?"

이런 식이면 처음부터 상대가 우위에 있게 된다. 그리고

'30만 엔? 그런 돈이 어디 있어?' 라며 난처한 얼굴을 한다.

"30만 엔이 힘들면 20, 아니, 10만 엔이라도."

"5만 엔 정도라면 빌려줄 수 있지만."

이러면 안 된다.

"3백만 엔만 부탁해."

"뭐! 3백만 엔이라고?"

먼저 크게 불러놓은 다음에 이야기를 풀어나가야 하는 것이다.

⇒ 배반의 힌트 ⇐
'간절한 부탁'은 하지 않는다

교통비를 속이는 사람

'작은 것에 정직하고, 큰 것을 속인다.'
사기꾼이 되는 것이 사람을 속이는 요령이다.
"난 말이야, 치바(千葉)에서 알아주는 부잣집 아들이야."
긴자(銀座)의 클럽에서 이런 식으로 떠벌리고 다녀도 처음 본 손님이라면 호스티스는 그 말을 믿지 않는다.

그러나 먼저 골프 이야기를 꺼내 호스티스들의 흥미를 유발하고 치바의 골프장 쪽으로 유도하면, 결국 치바의 유명한 골프장인 오토쓰 골프장 쪽으로 이야기가 흘러간다. 긴자 클럽에서 골프를 치러 다니는 호스티스들이 주로 가는 곳이 오토쓰 골프장이기 때문이다. 이때 말을 하면 된다.

"있잖아, 오토쓰 골프장의 타로 이사장 말이야."

"흰 색 머리 중년?"

"맞아. 겉보기엔 점잖은데 술만 마시면 울어서 골치 아파 죽겠어."

"아, 그렇구나. 손님은 오토츠 골프장에 자주 가세요?"

"그렇다고나 할까. 그 골프장 토지가 우리 아버지 거야. 여기저기 땅을 좀 가지고 계시거든."

이렇게 자연스럽게 말하면 모든 호스티스들은 '와아~' 하고 탄성을 지르게 된다. 또 '이 사람 부잣집 아들?' 이라고 보는 눈 또한 달라지게 된다. 주사가 있다는 말도, 토지를 빌려 줬다는 말도 모두 거짓이지만 타로 씨라는 실제 이사장의 이름을 꺼낸 사실만으로 호스티스들은 그에게 관심을 갖기 시작한다. 그리고 긴자 클럽에서 '치바의 부잣집 아들'로 통하게 되는 것이다.

클럽의 모든 사람들이 그를 치켜세우는 것을 보고 같이 왔던 손님(이용하기 좋은 사람)은 부잣집 아들이라 감쪽같이 믿고 가공의 투자까지 하게 된다.

위와 유사한 예는 우리 주위에서도 쉽게 찾아볼 수 있다. 샐러리맨의 '사소한 배반'이라고 하면 경비를 불려 용돈을 버는 정도인데 삼류 샐러리맨은 외근하면서 쓰는 전철 요금이나 버스 요금 등 쩨쩨한 것만 불린다. 전철 요금 160엔을 230엔으로 청구해 봤자 한 달에 몇천 엔 정도 남을 뿐이다.

그러나 경리 담당은 이런 작은 숫자를 유심히 보는 법이어서 전철 요금 따위를 불리다 들키면 음식값, 심야 귀가 택시 요금 등등 다른 모든 것들도 의심하기 시작한다. 그리고 일단 의심하기 시작하면 영수증 하나하나까지 자세히 검사해서 조그마한 잘못까지도 찾아낸다.

이에 비해 일류 샐러리맨은 이런 쩨쩨한 것은 속이지 않는다. 그래서 경리가 믿게 되고, 백지 영수증에 자기 맘대로 써서 금액을 불려도 두말없이 통하게 되는 것이다.

⇒ 배반의 힌트 ⇐
작은 거짓일수록 만전을 기하자

동료를 소중히 여기는 사람

　동료들은 왜 단결하는가. 서로 라이벌 관계이지 않을까. 그러면 남을 끄집어 내리는 것이 당연한데 왜 단결할까. 바로 적의 적은 '우리 편'이기 때문이다.
　그들은 동기끼리의 출세 경쟁은 뒤로하고 '선배 대 동기'를 위해 서로 합심하는 것이 득책이라는 것을 알고 있다. 동기끼리 한 무리를 지어 마라톤을 하는 이미지를 그리면 된다.
　그렇지만 출세 경주에서 금메달이 목표라면 어느 지점부터는 전속력으로 무리에서 빠져나와야만 한다. 어느 주자도 이러한 사실을 알고 있다. 알고 있기 때문에 동료들은 서로 도와가며 빠져나가는 것을 경계하는 것이다. 그리고 자기 앞을 절대로 달리지 못하게 한다. 또한 웃으면서도 언제 질주해야 하는지 냉철한 계산을 한다.

그러면 언제 동기를 배반할까. 이것이 출세 경주의 본질이다. 금메달이 한 개밖에 없는 이상 이 배반은 샐러리맨의 올바른 삶이다. 바꿔 말하면 배반을 못하는 인간은 금메달을 손에 쥘 수 없는 것이다. 아니, 메달은커녕 따돌림을 당하고 구조조정 대상이 될지도 모른다.

'너랑 나는~ 언제까지나 동기야~' 이렇게 태평하게 노래나 부르고 있을 때가 아니다.

⇒ **배반의 힌트** ⇐
마라톤의 승패는 언제 찾아올지 모른다

착한 사람이 되려고 노력하는 사람

 인간은 왜 '착한 사람'으로 보이기를 바라는지 아무리 생각해도 이상하다. '좋은 사람'은 인생을 옹색하게 할 뿐이기 때문이다.
 컴퓨터 관련 회사에 근무하는 K과장은 유능하고 인격도 훌륭해서 책임자의 신임이 두텁고, 부하들에게도 존경받는 인물이었다. 그런데 그 K과장이 룸살롱에서 폭력배와 시비로 상해 사건을 일으켰다
 회사의 모든 사람들이 깜짝 놀랐다. 사건 그 자체가 아닌 'K과장이 룸살롱에 있었다'는 사실에 놀란 것이다. '과장 역

시 남자'라고 동정하는 사람은 별로 없고, '사람은 모른다니까. 여태껏 몰래 꽤 놀러 다녔군'이라고 생각하거나 여사원들까지도 '어휴, 징그러'라는 반응을 보였다. 결국 모두에게 외면당했다.

한편, K과장과 동갑인 W계장은 사내에서 '방탕아'로 통했다. 음란 전화 클럽에서 알게 된 여고생한테 성병에 걸렸다느니, 원조 교제의 왕이라느니, 경마 미치광이라느니, 사내 평판은 두말할 것도 없고 불량 중년의 견본으로 여겨져 왔다. 그런 W계장이 여름 휴가 때 물에 빠진 어린아이를 구조한 일이 신문에 실린 뒤부터 '저렇게 보여도 원래는 정의감이 강한 사람이군'으로 W계장의 평판은 일변했다. 불량 중년이 한순간 정의의 남자가 됐으니 그야말로 오델로 게임이다.

불량한 사람의 선행은 굉장한 빛을 발한다. 그러나 '착한 사람'의 사소한 나쁜 짓은 그때까지 쌓아왔던 신용을 한순간에 잃는 계기가 된다. 반면 '불량'은 실컷 자기 맘대로 하다가 작은 선행으로 박수갈채를 받는다. 어느 쪽이 득인가는 말할 필요도 없는데 구태여 '착한 사람'으로 불리어지고 싶은가.

어리석은 짓이 아닐까.

⇒ **배반의 힌트** ⇐
'착한 사람'이 되기를 꺼려하자

시비를 거는 사람

 치고 빠지는 것이 교섭의 기본이다. 한 걸음 밀었다가 한 걸음 물러나면 '원 위치'다. 그러나 두 걸음 밀고 한 걸음 물러나면 '한 걸음 이득'이다. 따라서 밀면 밀수록 보탬이 된다. 그래서 조직 폭력배도 나쁜 짓을 할 때면 철저히 나빠지는 것이다. 억지를 써서 상대를 밀어붙일 때 상대에게 실수가 있으면 가장 좋지만 없어도 상관없다. 착실한 사람을 물고 늘어질 때는 생트집, 시비 등 동원할 수 있는 수단은 모두 동원한다.
 "뭐야, 그 눈초리는! 날 바보 취급하는 거야!"
 "그런 것이 아니에요."

"그 말투가 맘에 안 든단 말이야!"

"그럼 뭐라고 말해야 합니까?"

"이 자식, 시비 거는 거야! 좋아, 한 번 해보자!"

보통 이런 식으로 싸움을 걸어오는데, 폭력배는 그 과정에서 말을 교묘히 바꿔가며 점점 세게 밀고 나온다. 그리고 이런 싸움은 보통 폭력배가 이기게 된다. '두 걸음 전진, 한 걸음 후퇴'라는 이론으로 간다면 밀면 밀수록 이익은 커지기 때문이다.

"죄송합니다."

"이런 바보자식. 싸움 걸고 나서 '죄송합니다'라니 말이 되는 소리야!"

"정말 죄송합니다."

"좋아, 그렇다면 한 번 봐주지. 그 대신 한쪽 팔 놓고 가."

"뭐라고요!"

"아니다. 한쪽 팔 놓고 가라고 하고 싶지만 새끼손가락으로 하자."

"네? 새끼손가락이라고요?"

"새끼손가락이라고 하고 싶지만 착실한 놈이니 너의 성의를 보여준다면 오늘 있었던 일은 봐주지."

이런 식으로 밀어붙일 수 있는 데까지 밀어붙여 놓고 한 걸음씩 물러난다.

나쁘다고 하지 말라. 북한이나 이라크, 이스라엘, 팔레스타인 등 분쟁 지역을 둘러싸고 국제 정치에서도 이러한 술책이 행해지고 있기 때문이다. 공갈하고, 트집 잡아서 밀고밀고 또 밀어 타이밍을 맞춰 재빠르게 빠진다. 이것을 '이야기의 합의점'이라 한다.

"부장님! 이 영수증은 왜 결제가 안 됩니까!"

"접대비가 3만 엔 이상이면 미리 상신서가 필요한 거 알잖아."

"급한 상황인데 상신서를 올렸다면 늦지요."

"규칙은 규칙이야."

"그렇다면 이 교섭은 없던 것으로 하겠습니다."

"이보게, 그런 소리 말게."

"이 접대를 인정할 수 없다는 것은 교섭 자체가 없었다는 얘기 아닙니까."

"이론상으로는 그렇지만······."

"이론이 그러니까 제가 부탁드리지 않습니까."

이렇게 강력히 밀고 나가면 '이번만이야' 라는 조건을 걸고 한 걸음 물러설 것이다. 바로 이런 식으로 '이야기의 합의점'을 찾는다면 이 영수증은 특례로 통할 것이다.

⇒ **배반의 힌트** ⇐
'이야기의 합의점'을 정해놓는다

'당신밖에 없다'는 점을 호소할 때

애완 동물은 왜 귀여울까. 주인에게 꼬리를 흔들기 때문이다.

'쫑, 이리와'라고 불렀는데 모른 체하거나 '어서 밥 먹어' 하고 먹이를 주는데 외면하면 주인들은 대부분 화를 낸다. 이렇듯 애완 동물을 다루는 것에 있어서도 이러는데 인간관계에 있어서는 어떻겠는가.

고객의 고집을 어떻게 다룰까. 이것에 따라 비즈니스의 성과는 크게 달라진다.

사무기기 대여 회사에 다니는 X는 전에 호스트라는 색다른(?) 일을 한 젊은 영업 사원이다. 작년, 결혼을 계기로 술장사를 청산하기로 결심하고 지금의 회사에 취직했다.

그는 호스트 일을 할 때 배웠던 접객 기술로 순식간에 두각을 드러내 영업 사원 60명 중에서 5위로 올랐다. X의 접객 기술은 단골 고객을 초대한 아타미(熱海) 온천 여행에서 유감없이 발휘되었다. 연회가 끝났을 때 공교롭게 비가 내려서 2차는 몇 개의 그룹별로 각 방에서 벌어졌다.

X는 큰 고객인 Z상회 방에서 술을 마시고 있었는데, 마침 그때 다른 고객인 Q상사에게서 호출이 왔다. 아무래도 Q는 X가 Z상회에 계속 붙어 있는 것이 못마땅했던 모양이다. 인사를 드려야 하지만 도중에 자리를 뜨면 Z상회 사장님이 싫어할 것이다.

Q상사에서 X를 호출하러 온 사람이 없으면 '이거 큰일인데… 가기는 싫은데 어쩔 수 없이 가야 하니' 라고 흉이라도 보며 자리를 뜨면 되는데 그럴 수도 없었다.

'사장님, 잠깐 자리를 비워도 괜찮겠습니까' 라고 미리 양해를 얻고 나서 X는 손가방을 일부러 테이블 위에 놓고 일어났다. 이때, Z상회 사장은 가방을 보고 '금방 돌아오겠구나' 하며 Q상사에 대해 우월감을 느꼈을 것이다. 아무리 말로 '잠깐 다녀오겠습니다' 라고 해도 손가방을 가지고 나가면 '자기로부터 떠났다' 라는 인상을 받게 되는데 X는 상대방의 심리 상태를 잘 파악한 것이다.

그리고 Q상사 방으로 간 X는 잠시 환담을 나눈 뒤, '죄송합니다만 잠깐 Z상회에 다녀오겠습니다' 라고 말하고 여기서는 담배와 라이터를 테이블 위에 놓고 Z상회 방으로 돌아왔다.

Q상사 측에서 보면 X는 담배와 라이터를 일부러 놓고 갔으므로 금방 돌아올 것이라고 여겨 이쪽에서도 우월감을 느끼게 된다. 이렇게 해서 X는 이 방 저 방으로 돌아다닐 수 있었는데 이것은 호스트가 각 테이블을 돌아다닐 때 쓰는 비결이었다.

언제나 상대는 자신의 처지에 맞춰서 모든 것을 생각하는데, 이에 휘말리지 않고 잘 행동하여 각자를 만족시켜 주는 것이 영업 기술의 하나인 것이다.

⇒ **배반의 힌트** ⇐
무언의 호소를 하자

부하를 전폭적으로 신뢰한다

"좋아, 이 일은 자네에게 맡기겠네, 좋을 대로 해봐."

상사에게 잘 보인 부하는 너무 좋아서 '예, 잘 알겠습니다'라는 힘찬 대답과 함께 의욕적인 결의를 보인다. 하지만 상사가 일을 맡긴다고 좋아하는 사람은 순진한 직장인 뿐이다.

인간의 심리를 잘 아는 폭력배라면 '책임을 떠안고 왔구나'라고 생각할 것이고 '일을 맡긴 이상 모든 책임은 자네에게 있고, 무슨 일이 있어도 나는 모른다'라고 말할 수 있기 때문이다.

부하에게 일을 맡긴 상사는 제3자의 처지에서 일이 잘되면

'잘했어. 역시 내가 본 대로야' 하며 칭찬한다. 그리고 '좋았어. 이번에는 이것을 한 번 해봐' 하고 말하면 부하는 기뻐서 '예! 알겠습니다' 하고 대답할 것이다.

'잘한다, 잘한다 하니까 지게 지고 방으로 들어간다' 라는 속담이 있듯이, 어느 누구라도 치켜세워 주면 자기가 잘난 줄 안다. 부하에게 계속 일을 맡겨서 잘하면 자기 공로가 되고, 못하면 '설마 자네가 실수를 할 줄 몰랐네, 내가 잘못 봤어' 라며 책임을 전가하게 된다. 또 이번에는 또 다른 부하를 잡아다가 '그래, 자네가 한 번 알아서 해보게' 라고 하게 된다.

'맡기겠다', '믿는다', '너 정도라면 할 수 있다' 등 이렇게 상사가 너무 칭찬을 하면 조심해야 한다. 그것은 당신을 지게 지고 방으로 들어가게 하기 때문이다.

⇒ **배반의 힌트** ⇐
'총애받는다=책임을 져야 한다'고 생각하라

조언을 구해올 때

 내게 상담을 부탁하는 사람에게 솔직하게 답하는 것은 어리석은 일이다.
 백화점의 한 의류 매장에서 '빨간색과 파란색 중에 어떤 색이 더 어울려요?' 하며 두 벌을 손에 쥔 손님이 거울을 보며 점원에게 물었다고 하자.
 이때 냉큼 '빨간색이 더 잘 어울리는데요' 하고 대답하면 손님은 기분 나쁘다는 표정을 지으며 '그래요? 다른 데도 좀 들러보고 올게요' 라며 사라질 것이다. 손님은 파란색 옷을 정해놓고 '어느 것이 좋을까?' 라는 식으로 점원에게 찬성을 구한 것이기 때문이다.

　이것이 상담의 본질이다. 점원은 '빨강'이라고 대답해 손님의 구매 욕구를 없애 버렸고, 그래서 팔지 못한 것이다.

　그러나 우수한 점원은 다르다. 문제는 '어느 색이 어울리는가'가 아니라 '어느 색으로 손님의 기분을 이끄느냐'이다. 손님과의 대화를 통해 손님의 심리를 파악하고 '손님은 역시 파란색이 잘 어울립니다'라고 말하면, 손님은 미소를 지으며 곧바로 구매할 것이다.

　가령, 빨강이 잘 어울려서 그것을 솔직하게 말한다 해도 좋아할 사람은 없다. 상담의 본질이 그렇기 때문이다. 이는 부하나 동료의 상담도 마찬가지다.

　"저, 결혼을 해야 할지 어떨지 고민 중이에요."

　"그거야 하는 게 낫지, 축하해."

　"하지만 지금의 월급가지고는 도저히……."

　"무슨 소리 하는 거야. 부부 둘이서 합심하면 어떻게든지 살아갈 수 있어."

　"그래도 아기도 태어나면……."

교제하는 여자 쪽은 결혼을 서두르고 있고, 이 부하는 아직은 좀 이르다고 생각하고 있다.

'조금만 더 있다가 하라'고 말해 주기를 바라는 마음에서 상사와 상의한 것인데 부하의 심정을 헤아리지 못한 둔한 상사는 마땅히 그래야 된다는 이상론만으로 진지하게 대처해서 부하의 신뢰를 잃게 된다.

⇒ **배반의 힌트** ⇐
상대가 원하는 대답을 하자

과거의 언동에 얽매이는 사람

S는 대기업의 중고차 영업부에서 신규 점포 업무를 담당하고 있다. 기획에서부터 용지 매수, 점포 업무까지를 과장 이하 열두 명이 맡고 있었다.

매주 월요일에 열리는 기획 회의에서 S는 치바 현의 국도 16호선에 목이 좋은 자리를 찾아냈다고 발표했다. 그런데 라이벌인 동기 Z가 발표 내용을 걸고 넘어졌다.

'저번 달 회의에서 치바는 포화 상태라 사이타마에 전개해야 된다고 해놓고 이번에는 어째서 치바 현입니까'라고 따지고 들었다. S는 난처했다. 분명히 사이타마 진출을 주장했지만 장소에 따라서는 치바 현 또한 유망되는 시장이기 때문이다.

"그래서 치바도 장소에 따라서는……."

"그건 말도 안 돼요."

"치바는 장소에 따라서는 유망한……."

"치바가 괜찮다고 했다가 나쁘다고 했다가, 그런 즉흥적인 착상 발언은 말도 안 됩니다. 다시 한 번 꼼꼼히 조사한 뒤에 합시다. 과장님의 생각은 어떻습니까?"

"확실히 즉흥적인 착상은 안 되지. S는 다음부터 주의하도록 해."

S는 한 방 먹은 뒤 반론도 제기하지 못한 채 입술을 깨물었다.

우리는 왜 과거의 언동에 얽매이는가. '그때는 이렇게 말하지 않았냐'고 따지는 것이 싫어서 전에 한 말을 답습하려고 하기 때문이다. 하지만 전혀 과거의 언동에 개의치 않고 자유자재로 말씀하시는 '선생님'이 계신다. 바로 정치인이다.

"불초 오토츠 타로! 당선만 시켜주시면 복지에 전력을 쏟을 것입니다."

"누구나가 안심하고 노후를 보낼 수 있는 사회를 실현하기 위해 이 한 목숨 바칠 것을 맹세합니다."

연설을 듣고 있으면 선거 때마다 살기 좋은 세상이 되어 있어야 하는데, 대부분의 사람들은 변함없이 불안을 느끼며 살고 있다.

'공약하지 않았냐?'고 따지면 '이런 무례한!'이라고 하며 먼저 부정한 뒤 '저는 약속드린 대로 노력했습니다. 복지라고 하는 국가의 대계를 하루아침에 바꾼다는 것은 어려운 일입니다. 부단한 노력이 없으면 실현은 힘듭니다. 그것 때문에 제가…' 이런 식으로 반론한다. 석연치 않지만 듣고 보니 '그렇구나'라는 기분을 들게 하는 것이다. 그러니까 S군도 전에 했던 말의 정정 따위는 필요없이 끝까지 버티기만 하면 된다.

즉, 'Z군, 자네는 내 말을 잘못 이해하고 있지 않은가'라고 한방 먹이고 나서 '저번 달에 내가 치바 현이 포화 상태라고 한 것은 현재 상태라는 전제 하의 이야기인데 도대체 자네는 무엇을 들은 거야'라고 항변하면 되는 것이다.

말이라는 것은 정말 편리하다. 즉흥적으로 떠오른 것도 괜찮으며 그 장소의 상황에 맞춰서 좋을 대로 말해도 된다. 나중에 따지고 들면 '나의 진의를 잘못 이해하고 있다'고 하면 그만이다. 이런 생각을 항상 염두에 두면 모든 것이 순탄할 것이다.

⇒ 배반의 힌트 ⇐
부정 의견에 끝까지 버틴다

직구로 승부하는 사람

사고 처리 서비스 회사를 경영하는 X가 관동 지역 어느 현의 폐허가 된 절을 헐값에 구입해서 새로이 오토츠 행복교를 설립했다. 경기가 안 좋을 때는 종교 사업이 최고라는 것이다.

신전에 모신 행복 관음상은 그 유명한 조각가가 만든 것 가운데 한 개라고 선전했으나 사실 벼룩시장에서 산 것이었다. '행복 관음상에 두 손 모아 호마를 태우면 집안이 행복해진다'고 신문 광고를 냈지만 참배자는 거의 없었다. 불황이 신흥 종교 업계까지 영향을 미친 것이다. 이때 사고 처리 서비스로 이름을 날린 X가 잠자코 있을 리가 없었다.

곧바로 '노점'이라는 방안을 강구했다. 매월 29일을 행복의 날로 정해서 거리에 있는 대로 포장마차를 늘어놓았다. 이 아이디어는 바로 적중했고 포장마차는 날이 갈수록 성황을 이뤘다. 신문에 보도된 후로 전국 방방곡곡에서 사람들이 모여들기 시작했다. 행사 장소에 오면 참배를 했고, 참배를 하면 호마를 하는 사람이 나오기 마련이므로 결국은 신자가 될 수 있다. 이렇게 해서 오토츠 행복교는 세상에 널리 알려지게 됐다.

우리는 어떻게 행복관음과 교단을 선전해 신자를 모을까만 생각한다. 다시 말해, '직구'로 승부할 방법밖에 떠올리지 못하는 것이다.

하지만 X는 달랐다. 수단은 뭐든지 상관없으니까 우선 사람을 끌게 하는 것, 즉 '변화구'를 던져 성공했다.

"부장님, 제게 연극표가 두 장 있는데 괜찮으시다면 사모님과 따님에게 드리세요."

부장 자신이 아니라 부인과 딸을 겨냥하는 것도 괜찮다.

"이거 한약인데요, 괜찮으시다면 아버님께 드리세요."

부장의 아버지도 괜찮다.

일은 '직구'로 승부하는 것이 가장 좋겠지만 150킬로의 속구를 던질 수 없다면 '변화구'로 승부하자. 어떤 공을 던졌느냐가 중요한 것이 아니라 승리하는 것이 중요한 것이다.

⇒ 배반의 힌트 ⇐
변화구도 사용해 보자

아니꼬울 정도의 아첨을 하는 사람

인간은 누구나 칭찬받기를 원한다. 그렇기 때문에 아첨이 버젓이 통용된다.

"저는 평생을 과장님과 같이 하겠습니다."

"난 자네의 말이라면 무조건 믿어."

"X씨 요즘 좀 힘들어 보이는 것 같아?"

빈말인지 알면서도 칭찬을 받으면 왠지 기분이 좋다. 하지만 여기서 '칭찬받다'와 '칭찬하다' 가운데 어느 쪽이 편하고, 자기에게 이익이 되는지를 잘 생각해 보기 바란다.

정답은 '칭찬하는 쪽'이다. 빈말인지 알면서도 상대는 좋은 기분을 느끼게 된다. 누군가를 치켜세워 주는 일은 아무것도 아니다. 상사, 부하, 동료를 불문하고 생각나는 대로 이야기하면 된다. 그리고 그런 아부를 듣는다고 기분 나쁠 일은 없으니 치켜세워 준 사람에게 호감을 갖는 것은 당연하다. 칭찬하는 쪽은 편하고 게다가 자기에게 많은 보탬이 된다.

그럼 칭찬받는 쪽은 어떤가. '과장님은 언제 봐도 멋쟁이입니다' 라고 치켜세워 주면 멋쟁이를 계속해서 유지해야 한다. 또 '선배님은 언제나 화끈하시니, 정말 존경합니다' 라는 소리를 들으면 돈을 안 낼 수가 없다. 이 때문에 누구보다 먼저 내야 한다.

"자네 보고서는 신속 정확해서 좋아."

상사에게 칭찬을 받으면 밤샘을 해서라도 보고서를 작성해야 한다.

이같이 칭찬을 받고 기분이 좋은 것은 한순간이지만 그 뒤, 칭찬받은 만큼의 대가를 지불하지 않으면 안 된다. 즉, 칭찬을 받아서 좋은 일은 하나도 없다는 이야기다.

아시다시피 모두에게 사랑받으며 편하게 사는 방법은 칭찬받지 않으려고 애쓰면서 남을 칭찬하며 사는 것이다.

"거울아, 거울아, 이 세상에서 가장 아름다운 사람은 누구지?"

잘 아는 『백설 공주』 이야기에서 계모 왕비가 거울을 보고 말한 유명한 구절이다.

이때, 거울이 '당신이 가장 아름답습니다' 라고 아첨하는 재치가 있었다면 이야기는 어떻게 되었을까. '백설 공주가 당신보다 천 배, 만 배나 아름답습니다' 라고 솔직히 말했기 때문에 백설 공주는 독이 든 사과를 먹게 된 것이다.

⇒ **배반의 힌트** ⇐
살살이가 되자

뒤쳐졌을 때 열심히 하는 사람

'와신상담' 이라는 말이 있다. 장작 위에서 잠을 자고 쓸개를 핥는다는 의미로 '원수를 갚기 위해서 아무리 힘든 고난이라도 견디어 낸다' 는 것이다. 장작에서 자면 몸이 아프고 또한 쓸개는 쓰다. 이는 고통을 자신에게 부과시켜 그것을 참는 것으로 복수의 결의가 시들지 않게 한다는 의미를 내포하고 있다. 바꿔 말하면 이처럼 분노를 지속시키는 것은 어렵다는 이야기다.

하지만 '아무리 미운 상대라 할지라도 시간이 지나면 사그러든다' 는 뜻으로 뒤집어 생각해 볼 수도 있다.

"뭐야, 이 기획서는?"

상사가 기획서의 실수를 문책하며 부하를 꾸짖었다.

"죄송합니다."

"사과한다고 끝나는 일이 아니잖아! 비즈니스는 전쟁터라고!"

날카로운 질책이 이어진다. 이럴 때는 아무 소리 말고 태풍이 지나기를 기다린다. 머리를 숙인 채로 한쪽 귀로 듣고 한쪽 귀로 흘려 버리면 된다. 변명을 하려거든 태풍이 지난 뒤에 해도 늦지 않다.

그러나 평범한 사람은 '하지만 과장님…' 이라고 금방 변명을 한다. 질책을 가능한 빨리 멈추게 해서 이 순간을 모면하려고 무의식적으로 변명을 하는 것이다.

하지만 처지가 바뀌면 알 수 있듯이 변명은 불에 기름을 붓는 것처럼 진정되지 않는다.

평범한 사람은 이 부분을 이해하지 못한다. 따라서 태풍이 지나기만을 바라며 꾹 참을 수 있는가에 인물의 크기가 좌우된다.

참는 것이 아니다. 참는다는 말은 아직도 그릇이 작다는 뜻이다. 앞서 말했듯이 머리를 숙인 채로 한쪽 귀로 듣고 한쪽 귀로 흘려 버리는 것이다. 불성실하다고 하지 마라. 성실하다고 소문난 사람치고 출세한 사람 못 보았으니까.

⇒ 배반의 힌트 ⇐
태풍이 지나기를 꾹 참고 기다린다

연대 의식을 갖게 하는 사람

"매출이 10퍼센트나 떨어졌어. 도대체 뭣들 하는 거야! 이 달부터 열심히 해보자고!"

"예."

상사의 이런 말에 힘찬 부하의 대답. 어느 회사에서나 볼 수 있는 영업 회의 광경이다.

이런 회의를 통해서 매출이 좋아졌는가? 그렇지 않다. 이유가 무엇일까? 상사의 질책과 격려를 어느 누구도 진지하게 듣지 않기 때문이다.

이렇듯 모든 사원을 대상으로 말을 하면 '나랑 상관없는 말'

이라며 남의 일이 되고 만다. 쉽게 말해, 가마를 매는 일원일 뿐이라는 생각으로 가마를 떨어뜨려도 '내 탓이 아니다'는 식이다.

이것을 심리학에서는 '사회적 부실'이라 부르며 인간은 본디부터 그랬다고 한다. 결국 전체 회의에서 일어나는 질책과 격려는 상사의 자기 만족일 뿐이다.

그럼 어떻게 할까. '질책은 일 대 일, 칭찬은 만인 앞에서' 이것이 부하를 다루는 비결이다.

"물건을 파는 것이 영업 사원이 하는 일 아냐! 네가 그러고도 영업 사원이야!"

이렇게 하면 일 대 일이니까 '나랑은 무관하다'는 태도가 나올 수 없다. 또한 상사의 질책이 가슴에 와 닿는다. 반대로 여러 사람 앞에서 칭찬을 받으면 기분이 좋다. 기분이 좋으니까 더 노력할 수밖에 없는 것이다.

게다가 다른 부서 사람들도 질투와 경쟁심 때문에 더욱 노력한다. 이 때문에 회사 전체가 '성공의 분위기'로 변해간다.

꾸지람을 듣고 말을 잘 듣는 것은 강아지뿐일지 모른다. 심지어 어린아이조차도 듣지 않는다. 하물며 부하가 상사에게 혼났다고 마음을 고쳐 먹을 리가 없다. 잘 생각해 보면 지극히 당연한 일이라고 할 수 있다.

⇒ **배반의 힌트** ⇐
일 대 일로 꾸짖는다

팁을 받지 않는 사람

팁을 줬는데 거절하면 왠지 모르게 이상한 기분이 든다.
"죄송합니다만, 저희 업소에서는 팁을 받지 않습니다."
어느 지방의 일류 호텔에서 객실을 안내해 준 종업원에게 그렇게 거절당하고 이상한 기분이 든 이유를 생각해 봤다.
처음에는 내놓은 돈을 다시 집어넣는다는 행위 때문이라고 생각했으나 그게 아니었다. 바로 팁을 줘서 종업원에게 감사의 말을 듣고 싶은 잠재의식 때문이었다. 그리고 내놓은 팁을 거절당해 생긴 불만 때문에 기분이 상했던 것이다.
이런 똑같은 기분을 미국에서도 체험한 적이 있다. 택시 운전사에게 팁을 많이 줬는데 그가 아무 반응을 보이지 않아 손해 본 기분이 들었다. '감사합니다'라고 방긋 웃었다면 기분이 좋았을 텐데 말이다.

바꿔 말하면 팁은 받는 사람의 반응에 따라서 준 사람을 기분 좋게도 하고 나쁘게도 하며 때로는 거만한 콧대를 꺾기도 한다. 다시 말해 팁의 주도권은 받는 사람에게 있는 것이다.

호스트 클럽에서 이런 일이 있었다. 뜨내기 손님인 중년 여성이 호스트 중에 넘버원을 지명해서 백만 엔을 줬다. 이 손님은 분명 남자의 기뻐하는 모습을 기대했을 것이다.

그런데 넘버원은 고맙다는 말도 없이 아무렇지도 않다는 듯, 일하는 동료들에게 돈을 나누어 주기 시작했다. 손님이 화를 냈을까? 그렇지 않다.

팁이 너무 적었다. 그것을 안 손님은 창피해서 얼굴이 달아올랐다. 물론 넘버원도 백만 엔이라는 팁이 욕심나지 않은 것은 아니다. 하지만 그는 이 여성 고객을 더 고급 손님으로 본 것이다. 넘버원은 백만 엔을 버림으로써 자기라는 '상품'을 비싸게 팔았다.

직장인도 마찬가지다. 만약 상사나 고객에게 자신을 비싸게 팔고 싶으면 술자리를 활용하면 된다. 나갈 때쯤 화장실에 가는 척하면서 재빠르게 계산하는 것이다.

"어, 계산서가 어디 갔지?"
"제가 냈습니다."
"에이, 자네가 내면 어떡해?"
"별말씀을. 매번 신세만 지니 가끔은 저에게도 대접할 수 있는 기회를……."

상대방의 자존심을 건드리지 않고 겸손한 태도로 대응하는 것이 중요하다. 그러면 상대는 분명히 '이 녀석, 꽤 괜찮은데?'라고 생각할 것이다.

이것이 돈을 잘 쓰는 방법이며 행동이다.

⇒ **배반의 힌트** ⇐
살아 있는 돈을 쓰자

통장의 잔고가 점점 줄어들 때

 폭력 조직 등의 암흑 세계에서는 항상 지갑에 돈을 꽉꽉 채우고 다니는 사람이 있다. 돈이 많은 것처럼 보이기 위해서다.
 커피를 마실 때, 식사를 할 때, 잡지를 살 때, 택시를 탈 때, 술을 마실 때… 일상에서 지갑을 꺼내는 일이 많다. 예를 들어 중소기업 사장과 폭력배가 초밥집에서 술을 마신 뒤 계산을 한다고 하자.
 "주인장! 얼마요?"
 "감사합니다. 만 엔입니다."
 중소기업의 사장이 '이것은 제가 계산…' 이라고 하면 그는

'아닙니다'라고 대답한다.

폭력배의 악어 지갑 속에 돈이 가득 찬 것을 본 사장은 '와, 굉장하다'고 감탄한다. 폭력배는 이 광경을 옆 눈으로 보면서 몇 장의 지폐를 꺼낸다. 돈을 꺼내 계산을 한 뒤 '잔돈은 필요 없소'라며 밖으로 나간다. 그리고 벤츠에서 대기하고 있는 부하에게 '사장님을 댁까지 모셔다 드려라'고 하면 사장은 '아닙니다. 저는 택시 타고…'라고 대답한다.

"그러지 말고 타고 가십시오."

폭력배는 부하에게 '야!' 하며 턱으로 지시하고 부하는 재빨리 뒷문을 열면서 '어서 타십시오!'라고 한다. 폭력배는 이런 식으로 중소기업의 사장과 친분을 쌓은 뒤, 사장을 이용하고 봉으로 삼는다.

만약 폭력배가 '사장님, 잘 먹었습니다'라고 굽실거린다면 사장은 '뭐야! 폼만 잡았지 별 볼일 없잖아'라며 무시했을 것이다. 돈이 없어도 좋다. 있는 척하면 그게 부자고 힘이고 신용인 것이다.

그리고 돈도, 돈 버는 이야기도, 여자도, 모두 돈 있는 사람에게 몰린다. 그래서 암흑 세계의 사람들은 항상 두꺼운 지갑을 갖고 다니려고 한다.

반대로 돈 없는 인간은, 아니, 돈 없어 보이는 인간은 언제까지나 가난뱅이로 살아야 한다.

말도 안 되는 소리라고 하지 말라. 우리는 '도저히 상상할 수 없는 일'이 벌어지고 있는 세상에 살고 있다. 바꿔 말하면, 어떻게 하느냐에 따라서 상식적으로 이해되지 않는 일들이 가능해진다. 어떻게 하면 나를 돈 있는 사람처럼 보일 수 있을까.

자신의 얼굴을 거울로 보면서 생각해 보자. 모든 것은 여기서부터 출발한다.

⇒ **배반의 힌트** ⇐
돈 있는 사람처럼 보여라

목표를 크게 잡는 사람

 리모델링 회사 A는 도쿄와 도쿄를 비롯한 7개 현이 영업 무대다.
 사이타마 현을 맡고 있는 영업 3과의 신임 과장 D는 직접 현장에 나가서 지휘를 하는 등의 맹활약으로 500채의 연간 성약을 달성했다. 영업부 8과 중에서 최고의 성적을 거두어 사장한테 상까지 받았다. 지금의 기세로 나간다면 부장 승진은 바로 코앞인 것이다.
 만사형통에 D과장은 흐뭇해했다. 그리고 다음해 4월이 됐다. 부장이 D과장에게 올해의 목표를 물었다.

"예, 올해도 500채 달성을 향해 열심히 하겠습니다."

힘차게 대답하자 부장의 인상이 어두워졌다.

"모든 중역들이 자네한테 많은 기대를 걸고 있는데 목표가 작년과 같아서야 되겠어?"

500건도 대단한 숫자다. 2등이 300건, 그리고 이보다 더 못한 100건 전후인 부서도 있는데 D과장의 500건수만 목표가 낮다고 한다. 그동안 성적을 너무 올렸던 것이다.

"자, 목표는?"

"육, 600건……."

부장은 '좋아. 중역 회의 때 보고해 두지' 라 말하고 웃으면서 방에서 나갔다.

'600건이나 달성할 수 있을까…….'

D과장은 눈앞이 깜깜해졌다. 시험에서 매번 50점을 받는 아이가 70점을 따면 다음에는 더 기대를 하게 된다.

열심히 해서 80점을 따면, '거봐, 하면 되잖아' 라고 평가받아 다음 시험부터는 자신의 점수에 부담을 느낀다. 결국에는 100점이 당연시되고 조금만 떨어져도 주위에서는 노력 부족

이라고 말한다. 50점 때를 생각하면 70점도 대단한 점수지만 이는 평가받지 못하는 것이다.

영업 성적도 이처럼 전년도에 비해 뒤떨어지면 '뭐 하는 거냐' 고 한마디 잔소리를 듣기 일쑤다.

출세가 늦어지든 어쨌든 간에 모름지기 일이라는 것은 성과를 너무 올리면 자기 목을 스스로 조르는 꼴이 된다. 따라서 게으름 피우지 말고 적당히 상사의 기대를 저버리는 것이 편하고 안정된 직장 생활을 보내는 요령이다. 직장에서의 가장 이상적인 대전표는 2승 1패 1무.

⇒ 배반의 힌트 ⇐
상사의 기대는 적당한 선에서 저버린다

자신을 희생하는 사람

"야, 조용히 못해! 모두가 짜증스러워하잖아."
술집에서 초년생 폭력배가 회식 중인 직장인을 물고 늘어졌다.
"죄송합니다."
직장인들이 사과한다.
"뭐라고? 이 애송이! 실컷 떠들고 나서 미안하다면 다야! 나야 상관없지만 돈 내고 마시는 다른 손님들은 어쩌란 말이야?"
"죄, 죄송합니다."

"지배인, 이리 와봐! 이건 당신 책임이야. 난 괜찮지만 다른 손님들은 어떡해!"

시키지도 않았는데 맘대로 대리인이 돼서 지배인을 혼낸 뒤, 나는 됐으니까 다른 손님들에게 사과하라고 하며 일단락 짓는다. 그래서 지배인은 '여러분, 죄송합니다'라고 손님들에게 사과한다. 그리고 이 폭력배한테는 '차비'를 집어줘서 돌려보낸다.

하지만 '나는 괜찮아. 그러나'라고 하며 제3자나 두목을 개입시켜서 상대를 공격하는 수법은 폭력배들만의 전용물이 아니다.

"저는 괜찮습니다. 그러나 회사 방침이……."
"저는 승인했습니다만 상사가……."
"과장님, 저는 설득했습니다만 고객이……."

유능한 직장인은 반드시 이것을 활용할 줄 안다.

⇒ 배반의 힌트 ⇐
제3자를 개입시킨다

의식을 중요하게 여길 때

　폭력배들에게 의식은 없어서는 안 되는 것이다. 부자, 형제의 인연을 맺고 성립 축하, 석방 축하, 두목 계승 등 영화에서 보는 것같이 거대 조직의 '맹세의 술잔' 의식 때면 모두 검은색 양복을 입고 장엄한 의식을 치른다.
　폭력배들은 왜 의식을 중요시하는가. 그 이유 가운데 하나는 조직력의 과시지만 최대 목적은 의식에 따라 정한 약속을 당사자와 주위에 철저하게 인식시키는 것이라 생각한다. 보통 사람들이 하는 의식 가운데 대표적인 것은 결혼식 피로연이 있다.

결혼식 피로연은 '이렇게까지 하고 이혼하면 말도 안 된다' 라고 생각하게 하는 의식이라 할 수 있다. 앞일이야 어찌 되든 간에 적어도 피로연 때만은 그렇게 생각할 것이다.

"부하로 삼아주시겠습니까?"

"좋아."

이런 식으로 부하가 됐다면 왠지 정식으로 인정한 느낌이 들지 않는다. 그래서 정식으로 맹세의 술잔을 나누며 '이 맹세의 술잔을 마시면 두 사람은 정식으로 부자지간이 된다' 라고 장엄히 치러졌을 때 비로소 부하가 된 느낌이 드는 것이다.

이 방법을 직장에서도 활용하면 좋다.

부하나 고객과 무언가를 시작할 때 의식을 행하면 합심이 잘된다. 그렇다고 해서 지나치게 할 필요는 없다. 프로젝트를 기획하기 위해 부하들과 모인 자리에서 '나는 이 일에 목숨 걸었다. 그래서 여러분들의 도움이 절실하다' 고 진지하고 엄숙하게 말하면 부하들도 '예' 라고 진지하게 대답한다.

"부탁해."

"최선을 다하겠습니다."

"성공을 위하여 건배."

이렇게 한 뒤 일제히 술잔을 비우면 프로젝트의 성공 확률은 굉장히 높아진다.

"자, 지금부터 야자 타임이니까 실컷 놀아보자고."

이런 의식은 성공과는 전혀 거리가 멀다.

⇒ **배반의 힌트** ⇐
엄숙한 분위기를 자아내자

정상을 갈망하는 사람

노력하면 그만한 대가가 오는가? 그렇지 않다.

라이벌을 제치고 정상을 차지하는 일은 에베레스트 등산처럼 앞만 보고 오른다고 되는 것이 아니다. 용의주도한 준비와 전략이 필요하다.

출세하기 위해 불가결한 것 세 가지가 있다.

1. 금으로 만든 병풍
2. 심복
3. 행복한 가정

이 세 가지는 등산의 텐트, 피켈, 아이젠과 같은 것으로 출세하기 위해서 꼭 필요한 필수 조건이다.

먼저 '금 병풍'은 배경을 말한다. 금 병풍 앞에 서면 어떤 사람이라도 빛나 보인다. 거래처 사람이 말단 사원이라 할지라도 금 병풍과 말단 사원을 하나의 세트로 봐준다.

'심복'은 자신을 보조해 주는 사람을 가리킨다. 유능하고 신뢰할 수 있는 부하 한 명은 어설픈 부하 열 명보다 낫다.

마지막으로 '행복한 가정'은 말할 필요도 없을 것이다. 모든 활동의 '기반'이 되는 가정이 어지러우면 전쟁터로 향하는 것은 불가능하다.

출세하고 싶으면, 혹은 명성을 떨치고 싶으면 우선 이 세 가지를 갖춰서 노력한 다음 목표를 향해 매진해라. 이것이 성공의 지름길이다.

⇒ 배반의 힌트 ⇐
노력에 앞서 해야 할 일들을 미리 끝내두자

이 단계

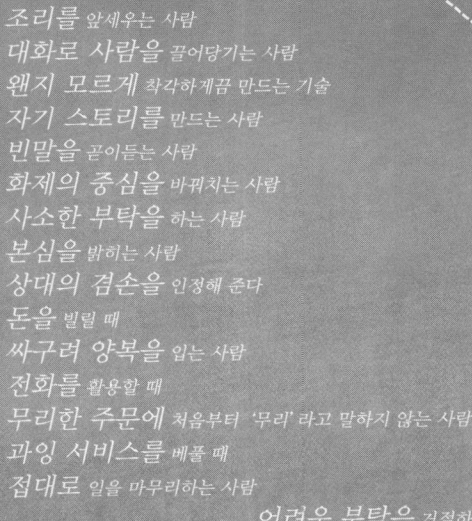

조리를 앞세우는 사람
대화로 사람을 끌어당기는 사람
왠지 모르게 착각하게끔 만드는 기술
자기 스토리를 만드는 사람
빈말을 끝이듣는 사람
화제의 중심을 바꿔치는 사람
사소한 부탁을 하는 사람
본심을 밝히는 사람
상대의 겸손을 인정해 준다
돈을 빌릴 때
싸구려 양복을 입는 사람
전화를 활용할 때
무리한 주문에 처음부터 '무리' 라고 말하지 않는 사람
과잉 서비스를 베풀 때
접대로 일을 마무리하는 사람
   어려운 부탁은 거절하라
   명령을 이해시켜 스스로 하도록 유도할 때
   상의하달(上意下達)이 성립할 때
   책임 소재를 확실히 하는 사람
     아부할 때
   일을 효율적으로 처리하는 사람
   부서의 사기를 북돋울 때
     격려할 때
   외주를 풍부하게 사용하는 사람
   상호 비교 견적을 하는 사람
   사내 불륜이 들통나게 되었을 때
   관례를 신경 쓰지 않는 사람
    금품을 강요하는 사람
   패자에게 친절하게 대할 수 있는 사람

조리를 앞세우는 사람

 폭력배의 행동 규범은 '조리'다. 항쟁이든 사소한 말썽이든 간에 옳고 그름의 판단 기준은 조리에 맞는지 어떤지로 판단한다.
 예를 들어, A파가 B파에 C회사를 소개해서 양자 간의 교섭을 성사시켰다고 치자. 그런데 B파도 C회사도 A파에게 사례를 하지 않았다. 이때, A파는 '당신네들 말이야, 순서가 틀리지 않았냐'고 하며 따진다. 우리 소개로 성사됐으니 인사하러 오는 것은 당연한 일 아니냐는 이론으로 따지고 드는 것이다.
 그러나 이 '조리'라는 것은 헌법과 같아서 해석하기에 따라

여러 가지로 변한다. 예를 들어 지금의 A파, B파, 그리고 C회사의 경우, B와 C의 교섭이 잘 이뤄졌기에 A는 '순서가 틀렸다'고 사례를 요구하지만, 반대로 이 교섭이 실패로 끝났거나 문제가 됐다면 A는 어떤 태도를 취했을까.

이론상으로 따져 보면 A가 개입해서 해결해야 하지만 분명 A는 이런 말을 했을 것이다.

"소개는 했지만 나중에 발생되는 일은 당신네들이 한 일이다. 교섭이 결렬됐다고 해서 우리에게 그 책임을 묻는 것은 당치도 않은 소리다."

잘되면 '사례를 해야 한다'이고 문제가 되면 '우리는 상관없다'이다. '조리'는 속임수이고 사용하는 인간의 재능에 따라 자유자재로 변한다. 영악한 직장인은 이 수법을 교묘하게 써먹는다.

S군에게 W사에 가서 이번 달 결제를 다음 달로 미뤄달라고 부탁하고 오라는 상사의 지시가 있었다고 하자. 정말 하기 싫은 일이다. 마음 같아서는 '싫다'고 거절하고 싶지만 그럴 수가 없다.

이때 일단은 '알았다'고 대답을 해놓자.

그리고 'W사는 X사의 회장님이 소개해 준 회사입니다. 이치적으로 생각할 때 먼저 X사 회장님의 양해를 얻는 것이 순서라고 생각합니다. 나중에 말썽이 생기면 곤란하기 때문에…' 라고 말하자.

X사는 큰 고객인 데다 거기 회장님은 독불장군으로 유명하다. 이 말을 들은 상사도 수긍이 간다는 듯이 없었던 일로 하게 된다.

⇒ 배반의 힌트 ⇐
억지는 '조리'로 해결하자

대화로 사람을 끌어당기는 사람

"말하기를 좋아하는 사람은 상대의 말도 잘 듣는다."

자주 접하는 이야기고 다들 당연하다고 느끼겠지만 이것은 터무니없는 착각이다. 대화할 때 말을 하는 사람은 말을 함으로써 스트레스를 발산하지만 상대의 말을 진지하게 듣는 사람은 사실 피곤하다. 농담이 아니라 진지하게 듣고 있으면 뒷목까지 아프다.

"말하기를 좋아하는 사람은 상대의 말을 듣는 척할 뿐이다."

이게 맞는 말이다.

사실 말하는 사람 또한 상대가 진지하게 들어주기를 바라지 않는다. 그러나 고지식한 사람은 이런 사실을 착각한다.

'요즘은 일을 건성으로 하게 돼'라는 넋두리에 '자네, 그러면 안 돼'라고 상대의 말을 곧이듣고 진지하게 반응하면 상대도 맥이 빠진다. 불필요한 말은 빼고 그냥 '아, 그래' 정도로 맞장구를 쳐주면 되는 것이다.

"기회가 되면 전직을 할까 해."

"아, 그래."

"하지만 이런 불경기에 일자리 찾는 일이 쉽지 않을 텐데."

"맞아, 그도 그럴 거야."

"어쩔 수 없으니까 여기서 열심히 해보는 수밖에 없다고 생각해."

"그게 좋겠군."

이렇게 듣고 있는 척하는 것만으로도 상대는 만족한다.

부하도 동료도 아내도 인간은 넋두리를 하면서 스트레스를 발산한다. 이때 이야기를 듣는 측에게 요구되는 것은 스쿼시의 '벽' 같은 역할이다. 즉, 아무 말 없이 공을 튕겨주기만 하면 되는 것이다.

나는 긴자 호스티스들의 접객 방법을 주제로 해서 『긴자 바이블』이라는 실용서를 출간한 적이 있다. 손님들이 말하는 인기 호스티스들의 공통점은 한결같이 '손님의 얘기를 마치 자신의 일처럼 들어준다'는 것이었다. 하지만 사실은 그게 아니다. 인기 호스티스들은 단지 잘 듣는 척하고 있을 뿐인데 손님들은 그것도 모른 채 '스쿼시의 벽'에 감격하며 고액을 지불한다.

'저 과장님이라면 분명히 내 마음을 이해해 줄 거야.'

이렇게 부하들이 믿고 따르는 상사가 되고 싶으면 먼저 '아, 그래', '역시 그랬군'이라고 말하는 '벽'이 되자.

⇒ 배반의 힌트 ⇐
상대의 이야기를 듣는 척하자

왠지 모르게 착각하게끔 만드는 기술

왜 폭력배가 될까? 멋있기 때문이다.

폭력배들은 좋은 옷을 입고 고급 승용차를 타고는 예쁜 여자를 거느리며 기세등등하게 다닌다. 그렇기 때문에 누구나 한 번쯤은 '나도 폭력배가 돼서…'라는 생각을 하게 된다.

하지만 현실은 냉정하다. 직업도 없이 먹고 산다는 것은 보통 어려운 일이 아니다. 기세등등하게 다니기는커녕 먹이를 찾아서 이리저리 헤매는 늑대나 다름없으며, 조직을 만들어 두목으로 불리는 사람은 손에 꼽을 정도에 불과하다.

그렇다고 해서 불평하는 사람은 없다. 모두 폭력배에 대한 동경 때문에 그 세계에 뛰어들었기 때문이다. 바꿔 말해, 주체가 자신이면 설사 속는다 치더라도 감안하게 되는 것이다.

  A : 다음 주부터 해외 출장이에요.
  B : 어디로 가십니까?
  A : 파리로 갑니다.
  B : 열두 시간 걸리죠. 계속 앉아서 가시려면 고생이 많겠는데요.
  A : 그러게 말입니다. 우리 회사도 출장 때는 퍼스트 클래스면 좋으련만 비즈니스 클래스는 좀…….

이 대화로 B는 '출장 때 비즈니스 클래스를 이용하는 것을 보면 이 회사는 꽤 벌고 있다'고 자기 혼자서 추측한 뒤, '거래처로 삼아도 괜찮겠다'고 제멋대로 결정한다.

A는 '비즈니스 클래스로 간다'고 말한 적은 없다. 다만 '비즈니스 클래스는 좀'이라는 말만으로 거래가 성사됐다. 그리고 얼마 안 있어 B의 회사가 도산했다. 하지만 B는 채권 회수의 불가능을 A 탓으로 돌릴 수가 없다. A가 '우리 회사는 돈

을 많이 벌고 있다'고 말한 적이 없기 때문이다.

만약 카레 냄새가 난다고 하자. 그 냄새를 맡은 사람이라면 누구나 오늘 저녁 메뉴가 카레라고 생각한다. 단지 냄새로 연상한 것이다. 그러나 냄새가 난다고 해서 반드시 카레가 나온다는 법은 없다.

⇒ **배반의 힌트** ⇐
연상되는 말을 한다

자기 스토리를 만드는 사람

직업 여성들은 손님들과 하는 대화 중에 가장 간단한 것이 신상에 관한 질문이라고 한다.

낮에는 뭐 해? 고향은 어디야? 부모님은? 남자 친구는? '아무려면 어때' 하고 아무 생각도 없이 질문하고 그 질문을 받은 쪽은 별 볼일 없는 학교에 다닌다든지 고향은 시골 어디라든지 똑같은 이야기만 되풀이하게 된다.

그러나 센스있는 여성은 손님의 관심을 끌 만한 스토리를 스스로 만든다.

'도쿄 여자 대학 중퇴'라고 하는 '잘난 체 부류'에서 '부모님이 무역 회사를 경영한다'는 '부잣집 딸 부류', '장래는 뷰티 클리닉을 할 거야'라는 '몽상가 부류', '부모님이 병들어 누워 있다'고 하는 '불행 부류'까지 정말 그 종류도 다양하다. 그러나 실은 우수한 직장인들도 이러한 직업 여성들의 수법을 사용하고 있다는 사실을 아는 사람은 그리 많지 않다. 다음은 통신 기구 회사 기획부 T의 이야기다.

학창 시절 때부터 걸핏하면 싸움질에, 무용담 또한 셀 수 없을 정도로 많고 심지어 폭력배와 대적한 일도 있다. 그래서 T는 기획부 내에서 유명인이었고 T가 제안한 기획에 정면으로 반대하는 사람은 없었다. 그러나 T의 무용담을 실제로 본 사람은 없고 어디까지나 T가 이야기한 '지나간 무용담'이 제멋대로 부풀어져 전설이 된 것이다.

T뿐만 아니라 당사자가 말하는 '경력'이 현실성을 갖는 것은 이야기의 내용이 아니라 그것을 말하게 된 동기에 있다.

"아버지가 암으로 돌아가셔서 시골에 계신 어머니께서 쓰러지셨어요."

갑자기 이런 말을 하기 시작하면 누구나 꺼려한다. 그런 말을 할 필요가 없기 때문이다. 아니, 돈이라도 뜯어내려는 속셈이 아닌가 하고 생각할지 모른다.

분명히 현실성이 없는 것만은 확실하다. 그런데 말을 이렇게 돌리면 이야기가 달라진다.

"고향이 도쿄?"

"아니요, 아오모리입니다."

"아버지가 걱정 안 하셔?"

"아버지는 암으로……."

"아, 미안. 그럼 아오모리에는 어머니 혼자……."

"어머니는 몸져 누워 계십니다."

'암'과 '몸져 누워 있다'의 내용은 같아도 자기가 먼저 꺼내는 것과 물음에 답하는 것의 현실감은 전혀 다르다. 즉, 자신이 연출하려고 하는 '경력'을 '어떻게 해서든지 상대가 질문하도록 하는 것'이 중요하다.

학창 시절의 무용담을 주위에 퍼뜨리고 싶으면 '싸움'보다 '학창 시절'을 화제로 삼는다. 술자리에서는 각자 재미있었던 이야기나 바보 짓을 했던 이야기들이 쏟아져 나오기 마련이다. 잠자코 듣고 있다 보면 그사이에 'X군은 어땠어?' 라고 말을 걸어온다.

이때 '나는 별볼일없는 학생이었어' 라고 주의를 끌자.
"별볼일없는 학생이었다는 것은 도대체 뭘 의미하는데?"
"싸움질만 했거든."

이렇게 중요 부분만 이야기하고 나머지는 듣는 사람의 상상에 맡긴다. 이 상상이 '소문이 혼자 퍼지게 된 이유' 라고 한다.

⇒ 배반의 힌트 ⇐
물음에는 극히 일부분만을 이야기해 준다

빈말을 곧이듣는 사람

"나중에 한잔합시다."

이 말은 빈말 중에 가장 대표적인 말로 대부분 '그러지요'라며 웃어넘기는 것이 보통이다. 그런데 '언제 만날까요?'라며 날짜를 물어오는 '대인 관계 빵점'인 사람도 있다. 지나가는 말로 한 것을 곧이들으면 '저 사람은 원시인 아니냐'고 바보 취급하게 된다.

하지만 의도적으로 '원시인' 행세를 하는 사람도 있다. 바로 교섭의 프로인 폭력배가 그렇다.

부동산 회사 사장이 폭력배의 도움을 받은 사례로 술자리를 마련했다. 사장은 '세상 사람들은 깡패니 뭐니 하지만 두목님 같이 훌륭한 분도 계신다'며 치켜세웠다. 물론 빈말이며 속으로는 하루빨리 인연을 끊고 싶은 심정이었다. 그래서 화끈하게 한잔하고 인연을 끊으려고 치켜세우는 중이었다.

"그렇게 말씀하시니 기분은 좋습니다만 저도 마찬가지입니다."

두목은 겸손을 떨며 이렇게 말했다.

"당치도 않으신 말씀, 저는 절대 그렇게 생각하지 않습니다."

"빈말에는 별로 익숙하지 않아서… 쑥스럽군요."

"두목님, 저는 절대 빈말을 하지 않습니다."

"그렇게까지 말씀하신다면 이번을 계기로 긴 만남이 있기를 기대합니다. 잘 부탁합니다."

아뿔싸! 사장은 속으로 울부짖었다. 그러나 지금에 와서 아니라고 했다가는 큰일이다.

"무, 물론이고말고요, 저야말로 잘 부탁합니다."

겸손을 보여 상대를 치켜세운 뒤 빈말로 꼼짝 못하게 한다.

회사도 마찬가지다. '멀지 않아 자네에게도 큰일을 맡기려고 한다'는 상사의 말에 '감사합니다'라고 대답하면 그것으로 끝이다.

'빈말이라도 고맙습니다'라고 하면 '빈말이 아니라 본심이야', '믿어도 됩니까?', '물론이고말고' 이런 식으로 이어진다.

⇒ 배반의 힌트 ⇐
'나중에 한잔합시다'를 기회로 삼는다

화제의 중심을 바꿔치는 사람

　자신에게 100퍼센트 잘못이 있어도 절대로 사과해서는 안 된다. 세상에서 옳고 그름을 밝힐 수 있는 것은 재판뿐이고 그 외의 대부분은 '말만 잘하면' 어떻게든 된다.
　실제로 유능한 폭력배는 자신의 실수를 상대의 실수로 교묘하게 바꿔쳐서 '어떻게 해줄 거냐' 며 오히려 협박한다.
　예를 들어 Z파 일가의 A가 빌린 돈을 갚지 않았다고 하자. 돈을 빌려준 사람은 당연히 빚을 갚을 것을 재촉한다.
　"어서 갚아주시지 않으면 곤란합니다."
　"잘 압니다만 나도 사정이 좀 안 좋아서."

"아무튼 오늘 중으로 부탁합니다. 그렇지 않으면 Z파 일가의 간판을 어떻게 해버릴 테니까."

채권자가 이렇게 협박조의 말을 한 순간 A의 태도가 돌변한다. '너, 뭐라고 했어?'라고 말하면서 험상궂은 인상으로 덤벼든다.

"그래, 분명히 돈을 빌린 것은 사실이지만 그게 우리 사무실 간판하고 무슨 상관이 있단 말이야? 간판을 어떻게 해버린다는 말이 도대체 무슨 뜻이야! Z파 일가를 깔보는 거야! 좋아, 저녁 여섯 시까지 내 몸을 맡겨서라도 갚을 테니까 그 대신 Z파 일가에 대한 얘기는 책임져."

"아, 아니 그런 뜻으로 말한 게 아니라……."

"그런 뜻이 아니면 무슨 뜻이야!"

"저, 그러니까 말이죠……."

돈을 빌려준 쪽이 사과하는 묘한 분위기가 펼쳐지고 말 한 마디로 처지가 바뀌게 된다.

부장 : 견적서가 이게 뭐야! 계산이 엉망이잖아!

부하 : 정말 죄송합니다. 바로 고치겠습니다.
부장 : 도대체 일을 어떻게 하는 거야?
부하 : 앞으로 주의하겠습니다.

이 정도에서 그만 했으면 좋았을 것을 우쭐한 나머지 부장은 '매일 밤 놀러 다니니까 그러잖아'라고 내뱉었다. 부하는 이 말을 물고 늘어진다.
"견적서의 실수는 분명 저의 책임이니 사과하겠습니다. 하지만 그렇다고 해서 놀러 다니느니 어쩌느니 할 필요는 없잖습니까. 그건 제 명예에 관한 문제입니다. 취소하십시오!"
부하는 분노의 얼굴을 하고 부장에게 따지고 든다.
부장도 말이 좀 지나친 것은 알고 있어서 '내가 말이 좀 지나쳤군. 미안하네'라고 사과했다. 부하는 큰 선심이라도 쓴다는 듯 '그렇게 말씀하신다니 저도 없었던 일로 하겠습니다'라고 사과를 받는다. 처음과는 반대로 과장이 용서를 구하고 부하가 용서를 하는 묘한 결말이 된 것이다.
이것이 인간관계다. 옳고 그름을 판가름 짓는 재판에서도

'사회가 나쁘다, 정치가 나쁘다, 성장 환경이 나빴다!' 라고 살인범의 변호사가 소리 높여 주장한다. 입은 참으로 편리하다. 마음만 먹으면 불가능한 것을 가능케 하기 때문이다.

⇒ **배반의 힌트** ⇐
말꼬리를 잡는다

사소한 부탁을 하는 사람

당신은 개구리를 이시카와 고에몬(石川五右衛門: 아즈치 모모야마(1573~1598) 시대의 대도(大盜). 교토의 산조가와라(三條河原)에서 가마솥에 넣어 죽이는 극형—역주)과 같이 열탕 속에 넣어 삶아 죽이는 방법을 알고 있는가. 개구리를 갑자기 열탕 속으로 집어넣으면 금방 튀어나오기 때문에 쉽지 않다. 그럼 어떻게 하면 좋을까? 우선 차가운 물을 채운 뒤, 개구리를 넣고 불을 지핀다. 그러면 개구리는 도망가지 않고 그 상태로 서서히 죽는다. 물은 천천히 뜨거워지기 때문에 개구리가 이를 느끼지 못하고 죽는 것이다. '큰일났다'고 알아차렸을 때는 이미 손쓸 수 없는 상태가 된다.

난데없이 웬 개구리 이야기냐고 의아해할지도 모르겠다. 하지만 개구리를 삶아 죽일 때처럼 '서서히 삶아 죽이는 것'이 뭔가를 남에게 부탁할 때의 요령이다.

"이거 한 부에 300엔밖에 안 하는데 도와줘."

광고 대리점 D사의 A는 동료 Q한테 고객인 어느 식품 회사 P사의 『건강뉴스』 책자를 받았다. 격월지인데다 요금도 300엔이라서 거절하기도 뭐해 정기 구독을 하게 됐다. 그로부터 2개월 뒤, Q는 A를 『건강뉴스』 사은 파티에 초대했다.

회비도 무료인 터라 A는 별 생각 없이 파티에 참석했다. 그리고 파티가 있은 며칠 뒤, Q가 『건강뉴스』에 개인 명함 광고를 부탁해 왔다. 요금은 5천 엔이었다. 파티에서 음식도 먹고 해서 A는 승낙했다.

Q군 : 고마워. 내 친구라서 편집 위원으로 등록했어.

A군 : 알았어. 뭐, 그 정도야.

Q군 : 그냥 형식적인 거야.

이때까지도 A는 그저 그러려니 하고 크게 신경 쓰지 않았다. 이런 일이 있고 며칠 뒤, Q가 『건강뉴스』의 편집 회의가 있으니 나오라고 했다.

'회사 일도 바쁘고 게다가 내가 가서 뭐 하냐'고 A는 거절했지만, '편집 회의라고 해봤자 술 마시는 회의 같은 거'라고 해서 어쩔 수 없이 또 참석하게 됐다.

편집 회의 날 A가 P사의 회의실로 가보니 『건강뉴스』를 담당하는 직원 열 명 정도가 모였지만 Q는 없었다. 편집 책임자가 웃으면서 A를 직원에게 소개했다.

"이번에 『건강뉴스』의 영업 담당에 취임한 D사의 A씨입니다."

아닌 밤중에 홍두깨라고 너무나 황당했지만 직원들의 박수와 웃는 얼굴 때문에 A는 아무 말도 할 수 없었다. 다음 날 A는 출근하자마자 과장이 '소식 들었네. P사 회보를 무료로 도와준다면서? 그래, 우리 회사의 중요한 고객이니 잘 부탁하네'라며 A를 격려했다.

이때 비로소 A는 Q에게 당한 사실을 깨달았다. 자기 담당의 P사에 점수를 따기 위해 자기를 이용한 것이다. 하지만 과장님한테까지 격려의 말을 들었으니 이미 때는 늦었다.

'다른 할 일도 산더미 같은데 나는 Q의 이용물이 되었다.'

그때 회보 따위를 정기 구독만 안 했어도 좋았을 것을 '개구리 고에몬'이 된 A는 어안이 벙벙할 뿐이었다.

⇒ **배반의 힌트** ⇐
상대가 눈치 채지 못하게 접근한다

본심을 밝히는 사람

"난 항상 본심만 말하잖아."
"난 무심결에 속에 있는 말을 얘기해 버린단 말이야."
간혹 이런 말을 하는 사람을 보게 된다. 본인은 잘난 척하는 말이겠지만 내 귀에는 '나는 바보요'라고 들린다.
"이 따위 회사, 월급도 적어서 일 못해 먹겠어."
"부장님, 머리가 꽤 벗겨지셨네요."
농담이라면 모를까, 일부러 '난 눈치없게 무심결에 본심을 얘기해 버리고 만다'고 한 뒤 위와 같은 말을 하면 정말 큰일이다.

사람은 누구나 상대를 존중하는 마음이 있기 때문에 가능한 타인의 감정을 상하게 하는 말은 하지 않으려고 한다. 그렇지만 본심이라는 것에는 상대에 대한 배려나 헤아림이 없다. 그냥 생각나는 대로 내뱉을 뿐이다. 이것은 마치 개가 짖는 것과 같기 때문에 인간 사회에서는 본심을 밝히지 않는 것이 좋다.

"당신께 폐를 끼치게 되면 자살이라도 하겠습니다."

"그래, 좋아. 지금 자살이라고 했지?"

그냥 한 말을 본심으로 받아들이는 것이 폭력배들이 주로 쓰는 수법이다.

정치인 또한 마찬가지다. 예를 들어 선거 자금을 모으기 위해 파티를 열었다고 하자. 요즘 같은 불경기에 모두 먹고 살기도 힘들지만 그래도 자금은 모아야 한다. 자, 그럼 어떻게 할 것인가.

사교상의 인사말, 즉 인사치레를 물고 늘어지면 된다.

'예전에는 정말 감사했습니다. 무슨 부탁할 일이 있으면 언제든지 사양 말고 말씀만 해주십시오' 라는 인사치레는 상대방이 '아닙니다, 별말씀을 그런 마음만으로도 충분합니다' 라고 말해 줄 것을 예상하고 하는 말이다. 그런데 생각지도 않게 '아, 그래요? 마침 잘됐군요. 실은…'이라며 이 인사치레를 물고 늘어지면 상대는 농담이었다며 말을 바꿀 수도 없는 처지에 빠지기 때문에 하는 수 없이 부탁을 받아들이게 된다.

  이 수법은 회사에서도 통한다.

"며칠 있다 한잔하자."

상사가 지나가는 말로 말하면 이렇게 받아치자.

"감사합니다. 그럼 언제가 좋을까요?"

당신은 이제 공짜 술을 마실 수 있을 것이다.

⇒ **배반의 힌트** ⇐
상대방이 하는 빈말을 본심으로 받아들인다

상대의 겸손을 인정해 준다

상대를 괴롭히려면 상대의 겸손을 인정해 주면 된다.

"아휴, 우리 집 마누라는 제대로 하는 게 하나도 없다니까."
"그래? 부인을 잘못 얻었구먼."

예상치 않은 말에 상대는 울컥 화가 치밀어 오르겠지만 자기가 한 말에 동조한 것뿐이므로 화를 낼 수도 없다. 이 방법을 회사에서 회의할 때 쓰면 효과적이다. 예를 들면 S건설 영업 1과에 근무하는 A와 B는 입사 동기로 경쟁 관계에 있다. 정기 판촉 회의에서 A가 아파트 수주 계약에 성공했다고 보고했다. 그 결과 이번 달 성적은 일등이었다.

"잘했네."

과장이 칭찬하자 A가 '어쩌다 해낸 일인데요'라고 겸손해 했다.

A는 '아니야, 자네 능력이지'라고 과장이 칭찬해 주길 기대하며 겸손했던 것인데 경쟁자인 B가 잽싸게 말을 받는다.

"그렇지? 그 말대로 어쩌다 해낸 일이겠지?"

갑자기 회의 분위기가 썰렁해졌다. A는 자기가 한 말이므로 화를 내지도 못했다.

"뭐, 어쨌든 잘했어."

과장이 어색한 분위기를 수습해 보지만 한번 썰렁해진 분위기는 되돌리기 어렵다. 결국 B는 맞장구 한마디로 A의 발목을 잡아 '칭찬의 자리'를 망가뜨린 셈이 되었다.

반대로 상대의 겸손을 철저히 부정함으로써 압력을 가하는 방법도 있다. 판촉 회의에서 A가 아파트 수주 계약에 성공했다고 보고하며, '어쩌다 해낸 일인데요'라고 겸손하게 말하자 재빨리 B가 A의 겸손을 부정한다.

"아니야. 자네의 능력이지. 다음 달에는 분명히 더 월등한 성과를 올릴 거야. 안 그래요, 과장님?"

이것이 바로 상대의 겸손을 강하게 부정하여 뒤통수를 때리는 방법이다.

"음, 기대하겠네."

이 경우에는 과장의 한마디가 묵직한 짐이 되어 어깨를 짓누른다. 혹시 다음 달 성적이 좋지 않을 경우라도 이 겸손을 부정하는 뒤통수치기는 계속된다.

"이치로 선수(일본 프로야구 선수로 미국의 메이저리그에 진출하여 현재 시애틀 마리너즈 팀에서 뛰어난 실력을 발휘하고 있다―역주)라고 항상 안타를 때리라는 법은 없지. 안 그렇습니까, 과장님?"

"그럼, 다음 달에는 해내겠지."

그러면 어깨는 더욱 무거워진다. 계속되는 판촉 회의가 심적 부담이 되어 결국 그것으로 말미암은 스트레스로 회사를 그만두게 될 수도 있다.

또 다른 방법도 있다. 프로젝트의 리더를 정할 때 경쟁자를 물 먹이고 싶다면 다음과 같은 방법을 써보자.

"저는 C군을 추천합니다. 어떻습니까, 여러분?"
"아닙니다. 제가 어떻게 감히……."

이런 경우 보통 한 번은 사양하고 다시 추천을 받으면 '그렇다면 제가'라며 마지못해 응하는 척한다. 그러므로 처음 사양했을 때를 놓치지 않고 바로 '아, 그러세요? 그럼 할 수 없군요'라고 말해 재빨리 기회를 빼앗아 버리면 된다.

⇒ 배반의 힌트 ⇐
겸손을 진솔하게 받아들이자

돈을 빌릴 때

 중견 인쇄 업체의 영업 사원이었던 U가 40세에 독립을 했다. 이전부터 계획하던 것이었으므로 보너스를 전부 예금해서 수중에 모은 자금은 어느 정도 있었지만 장기 불황을 버텨 나갈 만한 여유 자금이 필요했고, 인쇄기 구입 등 초기 투자에 몽땅 털어 넣는 것은 위험할 것 같아 은행에 융자를 신청했다.
 그런데 문전박대라는 말은 이런 경우를 두고 하는 말이리라. 은행은 재고의 여지도 없다는 듯 그 자리에서 U의 융자 신청을 거절했다. 은행도 살아남기 위해 필사적인 상태로 비난을 무릅쓰고 대출 자금을 회수하고 있는 상태여서 새로 설립할 중소기업의 신규 융자는 생각할 수도 없었던 것이다.

U는 할 수 없이 평소 절친한 V사장에게 부탁하러 갔다. V사장은 부동산 회사를 크게 경영하며 광고지나 팸플릿 등의 인쇄물을 U에게 의뢰하고 있었다.

V사장이 말했다.

"빌려달라는 말은 금물일세. 자네의 경우 입 밖으로 꺼내서는 안 될 말이지. 빌린 것은 갚지 않으면 안 돼. 빚을 지고 회사를 시작한다는 건 마치 배가 닻을 바닥에 내린 채 항해에 나서는 것과 같다는 말일세."

"하지만 어느 정도 운전 자금을 확보해 두고 싶거든요."

"그렇다면 모두에게 응원해 달라고 하면 좋지 않을까?"

V사장은 태연하게 말했다.

'빌려달라'는 것은 변제 의무가 생기지만 '응원해 달라'는 말로 나온 돈은 그냥 받는 것이나 마찬가지라는 것이다. 또 '달라'고 해서 내준 돈은 '빼앗겼다'는 느낌을 갖게 되지만 '응원'은 자기도 참가했다는 기분이 든다는 것이다.

"회사가 궤도에 오르면 베풀어주신 은혜의 몇 배로 갚아드리겠습니다. 아무쪼록 제 회사를 응원해 주십시오."

V사장의 조언에 따라 U는 '응원'을 받으러 단골 회사를 돌며 운전 자금을 확보했다.

'말 한마디로 천 냥 빚을 갚는다'는 이럴 때 쓰는 말이리라.

⇒ 배반의 힌트 ⇐
'응원'을 받자

싸구려 양복을 입는 사람

　장기를 잘 두고 싶으면 좋은 장기판과 말을 사라는 말이 있다.
　회양목으로 만든 말은 손가락으로 잡았을 때의 촉감이 다르다. 비자나무로 된 장기판은 말을 놓을 때 달라붙는 소리가 다르다. 그러면 신기하게도 명인전을 치르고 있는 듯한 기분이 되어 자연히 어깨를 펴게 된다.
　어깨가 펴지면 아랫배에 기가 모이고 눈이 초롱초롱 빛난다. 게다가 명인전을 치르는 기분이 되므로 섣불리 수를 두지 않게 된다. 그리고 신중에 신중을 거듭하여 최선의 수를 놓고

자 노력한다. 그렇기 때문에 장기를 잘 두게 된다고 하는 것이다.

그렇다면 봉급쟁이들의 세계는 어떨까?

일류 비즈니스맨이 되고 싶으면 유명 상표의 양복을 입어야 한다. 이유는 두 가지다.

첫째는 마음가짐의 문제다. 고급 양복을 입으면 자연히 자세가 좋아지고 선 자세에서 자신감이 배어 나온다. 또한 자신감을 갖게 되면 이미 일의 반 이상은 성공한 것이나 다름없다.

둘째는 남들이 보는 눈이다. 고급 상표의 양복을 입고 있으면—예를 들어 못생긴 남자라도—상대는 그 나름의 평가를 해준다. 말하자면 못생겼어도 명품 가방을 들고 있으면 그만큼 그럴듯하게 보이는 것이다.

실제 두 벌에 만 엔으로 할인하는 양복을 입고 있는 사람과 이태리제 명품 양복을 입고 있는 사람 가운데 어느 쪽이 유능해 보일지는 두말할 나위가 없다.

단지 문제는 돈이다. 고급 양복을 몇 벌씩이나 살 수는 없는 노릇이다.

어떻게 하면 좋을까?

예를 들어 영업 매니저 T는 이런 방법을 택했다.

지금은 유명 의류 매장의 잘 나가는 영업 매니저이지만 시작 당시에는 수입도 적고 복장도 세련되지 못한 편이었다. 하지만 영업 매니저의 생명은 '복장'이다.

그래서 T는 이태리제의 감색 고급 양복을 장기 할부로 구입했다. '단벌'이므로 다른 옷과 무난하게 조화를 이루는 감색 계통으로 골랐다.

그리고 옷 입는 감각을 발휘하여 무난한 색상의 넥타이와 분홍색, 하얀색, 파란색 셔츠 세 장을 샀다. 또 날에 따라 양복 단추를 눈에 띄는 금색으로 바꿔 달아 마치 같은 색의 고급 양복을 몇 벌씩이나 가진 것처럼 연출했다.

T의 이 아이디어는 고객들에게 들통나기는커녕,

'같은 색 양복을 몇 벌씩 가지고 있다니 세련되셨네요' 라는 평판을 들었다고 한다.

일반 회사원도 이런 요령을 활용할 수 있다. 그리고 고급 명품 양복을 입고 있다는 이미지가 굳어지면 두 벌에 만 엔 하는 할인 양복을 입더라도 싸구려로 보지 않는다.

보석은 지닌 사람에 따라 값어치가 정해진다. 부잣집 귀부인이 커다란 에메랄드 반지를 끼고 있으면 누구나 감탄하지만, 가난한 아주머니가 끼고 있으면 싸구려 구슬 반지라고 생각한다. 사람들은 남의 보석이 진짜인지 아닌지 쉽게 알아보지 못하기 때문이다.

하지만 양복은 다르다. 누가 보더라도 명품이라고 알아차린다. 대개 디자인으로 알 수 있지만 라벨로도 쉽게 드러난다.

명품 양복과 함께 두 벌에 만 엔 하는 양복도 당당하게, 그리고 태연하게 입자. 들인 돈에 비해 훌륭한 효과를 낸다.

⇒ 배반의 힌트 ⇐
양 복 세 벌 중 한 벌은 고급으로 하자

전화를 활용할 때

상사에게 미움을 받게 되면 직장 생활은 바늘방석이 된다.

보라는 듯이 사표를 집어 던지든지 아니면 묵묵히 참고 지내면서 상사가 죽을병에라도 걸리기를 바라야 한다. 어느 쪽이든 우울한 나날이 계속되고 그러다가 우울증에 걸리게 될지도 모른다.

중견 무역 상사 영업 2과에 근무하는 Y는 퇴근 시간 무렵 과장에게 불려가서 지시를 받았다.

"기획서 좀 준비하게나. 내일 아침까지일세."

"지금 말입니까? 무리입니다."

Y가 넌지시 항의하자 과장은 이렇게 말한다.

"자네, 업무 지시를 거절하는 건가, 아니면 능력이 안 된다는 소린가? 어느 쪽이야?"

어느 쪽이냐에 따라 처분을 검토하겠다는 은근한 무언의 암시를 준다.

요컨대 Y는 S과장에게 미움을 받고 있었다. Y는 남쪽 지방인 오키나와 출신답게 매사 태평스런 타입으로 신경질적인 S과장과는 성격이 맞지 않아 사사건건 괴롭힘을 당하고 있었다.

이 상태로는 Y도 견디기 어려웠다. 회사를 그만둘까 여러 번 생각했지만 이렇다 할 대책도 없어 할 수 없이 바늘방석 같은 나날을 보내고 있었다.

그러던 어느 날 전무가 비서를 통해 Y를 찾았다. 전무는 차기 사장으로 인정받는 실력자다. 무슨 일인가 불안해하며 Y는 전무 방으로 갔다.

"자네, 오키나와 출신이라고 했지?"

"네."

"우리 아들 놈이 오키나와에 있는 대학에 진학하게 되었는데, 이거 그 지역에는 아는 사람이 아무도 없거든. 그래서 말인데 자네 여름 휴가 때 고향에 돌아가거든 잠깐이나마 지역 안내를 해줄 수 있겠나?"

"그 정도라면 기꺼이 해드려야죠. 아드님 전화 번호를 알려주시겠습니까?"

"아, 내가 잠시 뒤에 전화로 알려주지. 자네 내선 번호가 어떻게 되지?"

이 순간 반짝하고 한 아이디어가 Y의 뇌리를 스쳐 지나갔다.

"내선 번호는 5XX1번입니다."

"알겠네. 바로 알려줌세."

"그럼, 실례하겠습니다."

그리고 자리로 돌아와 20여 분이 지나자 과장 자리의 내선 전화가 울렸다. S과장이 천천히 수화기를 들었다.

"여보세요, S입니다만… 옛, 전무님!"

자리에서 벌떡 일어서며,

"예? Y 말씀이십니까? 잠시만 기다리십시오."

수화기를 한 손으로 틀어막은 채 불안한 얼굴로,

"Y씨, 전무님께서 자네에게 전화하셨는데……."

Y는 웃는 얼굴로 수화기를 받아 들었다.

"전화 바꿨습니다. …예 말씀하시죠. 090의……."

메모를 하고 나서,

"전무님, 제 내선 전화는 5XX6번입니다. 다음에는 이 번호로 전화하시면 됩니다."

그리고 전화를 끊었다.

"자, 자네, 전무님과 무슨 일로……."

"아, 아뇨. 잠깐 개인적인 일로요."

빙긋이 웃으며 Y가 말했다.

그날 이후로 S과장이 괴롭히는 일은 중단됐다. 전무의 아들과 인연을 맺게 되면 유형무형의 덕을 보게 될지도 모르지만, 그런 장래의 일을 바라기보다 중요한 것은 현재의 일이다. Y는 한순간의 기회를 낚아채서 전무와의 관계를 일부러 과장에게 보임으로써 상황을 뒤바꿔 놓았다.

⇒ 배반의 힌트 ⇐
상대방의 전화 목소리는
주위에 들리지 않는다는 것을 명심하자

무리한 주문에 처음부터 '무리'라고 말하지 않는 사람

"네, 알겠습니다."

이것이 업무 능력이 있는 사람들에게 듣는 공통적인 대답이다. 할 수 있을지 어떨지는 나중에 생각한다.

업무 능력이 없는 사람은 거꾸로 먼저 '할 수 있을지, 없을지'를 생각한다. 못할 것 같으면 '무리입니다', 자신이 없으면 '아마 가능하리라고 봅니다만', 그리고 결론이 나지 않으면 '다음 주까지 연락을 드리지요'라고 한다.

"뭘 기다리란 말이야, 이 멍청한 친구야!"

듣는 상사나 고객은 버럭 소리를 지르고 싶어질 것이다.

대형 서점에서 한 출판사에 전화가 걸려왔다.

"X양의 사진집을 3일 이내에 백 권 보내주셨으면 하는데요."

순정파 여배우의 첫 누드집으로 X의 사진집은 날개 돋친 듯이 팔려 나가 재고는 오십 권밖에 없었다. 백 권은 아무래도 무리였다. 그러나 여기서 무리라고 한마디로 거절하는 것은 좋지 않다. 대형 서점의 담당자도 무리인 줄 알면서도, '우리 서점에는 어떻게든 해주겠지'라는 막연한 기대로 전화를 했을 것이다. 그것을 무리라고 곧이곧대로 냉정하게 거절하면 상대는 기분이 상할 것이다. 앞으로도 거래는 계속 이어가야 한다. 따라서 먼저 상대의 체면을 세워주는 것이 필요하다.

"네, 잘 알겠습니다."

곧바로 대답을 하고 이어서 다음과 같이 덧붙인다.

"최선을 다해서 구해보겠습니다."

'최선을 다한다'라는 것은 '경우에 따라서는 백 권을 채우지 못할 수도 있다'는 말을 적극적인 자세로 표현을 바꿔 상대에게 전한 것이다. 그리고 저녁까지 기다렸다가 '노력해 보았지만 오십 권이 전부입니다'라고 연락한다. 그러면 서점 담당자는 '어쨌든 우리를 위해 최선을 다했다는 얘기야. 잘 팔리는 책이니 어쩔 수 없지. 오십 권이라도 확보했으니 다행이군'이라고 감사하는 기분이 들게 된다.

상대방에게는 무대 뒤가 보이지 않는다. 보일 필요도 없다. 다만 상대가 '본 것 같은 기분'이 되어 고마워하도록 말로 연출하면 된다.

'어쩔 수 없이 백 권 준비했습니다' 하는 태도와 '노력했습니다만 오십 권이 전부입니다' 가운데 상대는 어느 쪽의 대응 자세에 성실한 느낌을 갖게 될까? 두말할 나위 없이 후자일 것이다. 상대의 만족도는 요구를 채워주었는지가 아니라 자기의 요구에 어떻게 대응해 주었는지에 따라 달라지는 것이다.

⇒ **배반의 힌트** ⇐
'보이지 않는 노력'을 상상하도록 만들어라

과잉 서비스를 베풀 때

회원제로 운영하는 쇼핑 클럽인데 특별 서비스를 하는 곳이 있다. 접객 매니저가 무릎을 꿇고 손님에게 인사를 한다. 손님의 관점에서는 무릎을 꿇는 자세에 감격하기보다 매니저에게 '이렇게까지 대접을 받는' 서비스 자체에 감격하는 것이다. 우리가 볼 때는 거꾸로 '돈벌이를 위해 저렇게까지 해야 하나'라는 생각이 들지만 말이다.

하지만 그 매니저에게 물어보면, '저희 일은 매출을 올리는 것이죠. 무릎 꿇는 정도로 매출이 오른다면 기꺼이 해야죠. 그게 바로 프로의 자세 아니겠습니까? 체면도 차리고 싶고 매출도 올리고 싶다면 그건 너무 많은 걸 바라는 게 아닐까요?'라고 말한다.

지당하신 말씀이다.

속옷 바람으로 춤을 추어서 협상이 체결된다면 기꺼이 해볼 일이다. '단숨에 한 잔 들이키라구' 하는 요구를 받으면 눈 딱 감고 마셔주면 된다. 단골 고객의 구두를 핥아서 계약이 성사된다면 핥아주면 된다. '난 그런 짓은 못해'라고 생각한다면 하지 않으면 그만이다. 그 대신 성과를 올리지 못하고 성공을 기대할 수 없게 되더라도 불평은 하지 말아야 한다. 심지어 명예 퇴직까지도 각오해야 한다.

하지만 단골 고객 앞에서 속옷 바람으로 춤을 추는 일이 그렇게 굴욕적인 일일까? 노래방에서 서투른 팝송을 들려주는 것과 무엇이 다를까? 간사스럽게 아양을 떠는 것과 어디가 다를까? 마지못해서 상대의 비위를 맞춘다고 하는 점에서는 어차피 오십 보 백 보인 셈이다.

그렇다면 속옷 바람으로 춤을 추든 물구나무서기를 하든 어떻게든 목적을 달성하면 된다. 단골 고객의 기분을 맞춰주고 계약을 이끌어내 성공을 향해 한 걸음씩 나아가는 것이다. 죽을 때까지 속옷 춤을 추라는 말이 아니다. 성공하게 되면 더는 필요가 없다.

고객의 무리한 요구는 기회라고 생각하자. 굴욕스럽다든지 볼썽사납다든지 하는 연약한 자세로는 성공은 가망없다고 마음에 새겨두자.

⇒ **배반의 힌트** ⇐
구두를 핥아서라도 협상을 성사시키자

접대로 일을 마무리하는 사람

"잘 부탁드립니다."
이것이 접대의 목적이다.
먹고 마시고 2차 3차로 계속 이어진다.
"야, 이거 한방 먹었습니다. 하하하······."
우습지도 않은 일에 실없는 웃음을 터뜨리고 술에 절도록 상대의 비위를 맞춘다. 접대가 화기애애한 가운데 마무리되면 다행이지만 술버릇 고약한 고객을 접대하는 밤은 울고 싶을 만큼 괴롭다고 한다. 대부분의 샐러리맨들은 옆에서 보는 만큼 접대가 그리 즐겁지 못하다고 입을 모은다.

접대에 쓰는 비용을 몽땅 상대방에게 넘겨주고 '이번 일 잘 부탁드립니다'라고 하면 시간도 절약되고 합리적일 듯하다. 하지만 그렇게는 되지 않는 것이 접대의 불가사의한 점이다. 현금 앞에서는 조심스러워지고 상대에게 주눅이 들기 때문이다. 그래서 함께 마시고 떠들며 무언의 합의를 통해 당신과 나는 공범이라는 분위기가 조성되면 비로소 '좋아, 이번 일은 당신에게 맡기지'라고 하게 되는 것이다.

접대를 통해 똑 부러지게 일을 마무리하는 사람에게는 한 가지 특징이 있다. 그것은 '이번에 잘 부탁드린다'는 말을 입 밖으로 내지 않는 것이다. 접대했으니 잘 부탁드린다고 하면 상대방은 자기도 모르게 우쭐하게 된다.

"이번 일 잘 부탁드립니다."

"아, 알았네, 알았어."

방아깨비가 방아를 찧는 모습은 재미있게 보이지만 사람이 방아깨비 같은 모습으로 연실 굽실거리면 웃음거리가 될 뿐이다. 진정한 의미의 접대를 아는 사람은 절대로 굽실거리며 아첨을 떨지 않는다. 일과 관련해서는 입도 뻥긋하지 않으면서

'당신과 나는 공범'이라는 관계를 만들어낼 줄 안다. 그러면 어느새 접대를 받는 쪽이 신경을 쓰게 된다.

'이번 일을 잘 부탁한다는 말을 왜 안 하지?'

이런 접대가 한 번 두 번 이어지고 세 번째가 되면 접대받는 쪽이 먼저 말을 꺼낸다.

"그런데 이번 일 말이죠, 긍정적으로 검토하고 있으니까 안심하세요."

접대받는 쪽의 심리는 '이번에 잘 부탁드린다'고 얼굴에 대고 이야기하면 그 부탁의 대가로 '공짜 술'을 마셔준다는 기분이 들어 잔뜩 마시게 된다. 그런데 접대하는 쪽의 목적을 알고 있어도 직접 부탁을 받지 않으면 공짜 술이라도 쉽게 취하지 못하고 긴장을 한다. 이것이 인간의 심리다. '접대를 잘하는 사람'이란 이러한 사람의 심리를 제대로 파악하고 있는 사람을 말한다.

⇒ 배반의 힌트 ⇐
'공짜 술'은 다른 부담 없이 마시게 하도록 하라

어려운 부탁은 거절하라

부탁을 받고 '노(No)'라고 단호하게 거절할 수 있다면 인생이 얼마나 즐거울까?

"이봐, 부탁 좀 하자."

"하지만……."

"그렇게 냉정하게 굴지 말고 부탁 좀 들어주라. 은혜는 나중에 꼭 갚을 테니까."

대부분은 이런 정도로 무리하게 밀어붙인다. 그리고 받아들인 때부터 우울한 나날이 시작된다. 우물쭈물하는 사이에 어느새 일주일이 지나고 은근한 독촉이 시작되기 때문이다.

"부탁한 건 어떻게 됐어?"

"미안해. 대상을 찾지 못해서 말이야. 조금만 더 기다려 줘."

마치 빚 독촉에 대한 변명 같다.

다시 일주일이 지나면 이번에는 사채 이자라도 갚으라는 듯한 자세로 변한다.

"어떻게 된 거야. 이러면 곤란하잖아."

결국 부탁을 들어준 사람은 '이래서 부탁 같은 거 들어주지 말았어야 하는데…' 하는 후회와 함께 궁지에 몰리게 된다.

누구나 경험한 바 있겠지만 '부탁'은 마지못해 받아들였다 해도 그 순간부터 승낙한 사람이 약한 처지가 된다.

그렇다면 어떻게 하면 좋을까? 일단은 '맡겨두시죠'라고 대답한다. 그러고는 고릴라가 가슴을 두드리며 자기 존재를 과시하듯 흔쾌히 승낙하고 바로 처리해 버리는 것이다.

과연 그렇게 할 수 있을까? 할 수 있다.

정치가의 예를 들어보자.

국회의원쯤 되면 도로 건설에서 손자의 취직 문제까지 선거구의 청탁이 끊이질 않는다.

"선생님, 부탁드립니다."

"그건 무리인데."

이렇게 되면 다음 선거에서 낙선은 맡아놓은 당상이다. 따라서 절대로 거절은 하지 못한다.

'맡겨주시죠' 하고 선뜻 받아들여 가슴을 두드리는 고릴라를 연출해 보이자. 그리고 바로 움직이는 것이다. 아니, 움직이는 척이라도 상관없다. 즉각적인 반응이 '부탁받은 일을 처리' 하는 관건이 된다.

취직 청탁이라면 지원한 회사에 전화를 걸어 인사부장의 이름을 알아낸 뒤, 부탁한 사람에게 전화한다.

"인사부의 아무개 부장에게 전화해 두었습니다."

라고 인사부장의 이름까지 대며,

"일정 수준 이상의 성적을 받으면 잘되지 않겠습니까? 열심히 하라고 손자 분에게 전해주시지요."

이것으로 족하다. 의뢰한 사람은 부탁한 일이 실제로 진행되고 있는지의 여부보다 '바로 조치를 취해주었다' 는 그 성의에 감격하는 법이다. 이렇게 해서 그 건은 일단락된다.

다음은 아무 조치도 할 필요 없이 그냥 내버려 두면 된다. 시험에 떨어지면 일정 수준 이상의 성적을 받지 못한 본인의 책임이고, 합격이라도 하면 '이번에 힘 좀 썼습니다'라고 자기의 공으로 돌리면 된다.

결코 속임수는 아니다. 부탁받은 일을 처리하는 데는 약간 무책임해져도 괜찮다는 말이다. 생각해 보자. 남에게 뭔가를 부탁하는 일은 부탁하는 사람의 일방적인 사정 아닌가? 그럼에도 제대로 되지 않았을 때 상대는 불만을 품는다.

요컨대 '부탁=자기 편한 대로'인 셈이다. 그렇다면 부탁을 들어주는 쪽도 그에 적절하게 대응하면 되는 것이다. 그것으로 충분하다.

⇒ 배반의 힌트 ⇐
부탁을 받으면 내동댕이쳐 두자

명령을 이해시켜
스스로 하도록 유도할 때

"올해 경비를 30퍼센트 삭감합니다!"

가전 판매 회사의 영업부장으로 승진한 N부장은 부서원들 앞에서 선포했다. 불경기라 매출 증가를 기대하기 어려우면 경비를 줄여서라도 이익을 내라는 것이다. 그렇게 N부장은 카를로스 곤(일본 닛산(日産) 자동차 사장으로 강력한 리더십을 발휘하여 적자에 허덕이던 회사를 흑자로 전환시켜 유명해졌다―역주)이라도 된 양 자신을 '미스터 원가(비용 절감에 철저하다는 의미)'로 부르는 등 의기양양해 있었다.

N부장은 교제비를 시작으로 교통비에서 복사 용지 구입비

에 이르기까지 사정없이 칼을 휘둘러 단 3개월 만에 30퍼센트에 이르는 경비 절감을 달성했다.

회사 중역들에게 '역시 미스터 원가답다'는 칭찬은 들었으나 부하들에게서는 불만의 목소리가 높았다. 이에 부하들은 N부장에게 반기를 들었고 영업 성적은 곤두박질쳤다. 경비 절감의 진정한 목적과 수단을 잘못 판단한 N부장은 결국 권고사직을 당하게 되었다.

고통 감수를 강요하는 개혁이나 방침은 아무리 상사라 하더라도 부하들의 합의가 필수적인 법이다. 이는 회사원들에게만 적용되는 것이 아니다. 상의하달(上意下達)이 적용되는 조직 폭력배의 세계에서도 마찬가지로 한 판 붙게 되었을 때 두목의 '통제 능력' 차이가 확연히 드러난다.

이류 조직의 두목은 '이번 싸움에 질 수 없지'라고 등을 떠밀며 젊은 부하들에게 고통을 감수하도록 강요한다. 그렇게 조직 폭력배의 싸움은 '상대를 찌르면 형무소 행이지만 내가 찔리면 저 세상 행'이라고 할 만큼 잔혹하다. 게다가 위에서 내린 지시에 따라하는 싸움이 길어지기라도 하면 부하들의 투지도 무뎌진다. 서서히 싫증이 나기 시작하고 조금이라도 수세에 몰린다는 낌새가 들면 너도나도 꽁무니를 뺀다.

하지만 일류 조직의 두목은 다르다.

"이번 싸움에서 우리는 더는 물러설 곳이 없다. 목숨이 달려 있다. 원치 않는 자는 상관없으니 이 기회에 손을 씻고 이 바닥을 떠나라."

이렇게 젊은 부하들을 지휘한다.

상관없다고는 했지만 이런 위기의 순간에 '네, 알겠습니다' 하고 발을 뺄 수 있는 인간은 없다. 평생 손가락질을 받으며 살아야 하기 때문이다.

"형님! 저희들 목숨은 모두 형님에게 맡기겠습니다."

때마침 충복의 한마디에 분위기는 한껏 달아오르고 일제히 외친다.

"형님!"

"좋아, 너희들의 목숨은 내가 맡았다."

실제로는 어쩔 수 없는 상황이지만 말로 어린 부하들의 결단에 맡겨 스스로 결정하도록 하는 방식을 취하는 것이다.

'손을 씻고 이 바닥을 떠나도 상관없다'는 말도 들었고 자기의 의지로 싸움에 참가하기로 한 터라 어쩔 수 없다고는 말하지 못하게 된다.

G사의 N부장이 처음부터 '우리 회사의 부활을 위해 저는 경비 30퍼센트 절감을 목표로 합니다. 이에 반대하는 사람은 말하세요. 인사부에 이야기해서 부서를 바꿔주도록 해줄 테니'라고 말했더라면 좋았을 것이다. 그랬으면 '저는 경비 절감에 반대합니다'라고 할 수 있는 직원은 한 사람도 없었을 것이다.

무엇인가 명령할 때는 교묘한 말로 부하 자신이 결단하도록 하여 부하가 빠져나갈 구멍을 막아버리자.

⇒ 배반의 힌트 ⇐
상대가 결단을 내리도록 하자

상의하달(上意下達)이 성립할 때

"까마귀가 하얀색이지?"
"형님, 까마귀는 검은색입니다."
"뭐야? 임마, 두목이 희다면 흰 거지, 감히 토를 달아?"
 두목이 희다고 하면 검은 것도 희게 되는 것이 조직 폭력배의 세계다. 따라서 어떠한 불합리한 명령이라도 대답은 항상 '예'이고 '그러나'라든가 '그래도'라는 말은 존재하지 않는다.
 '없애 버려!' 하면 '예' 하고 바로 나와야 하는 것이다.
 그런데 일반 회사원도 상의하달 차원에서 보면 마찬가지다.

'지금 바로 고객에게 달려가서 사죄하고 오라구!' 라는 상사의 지시를 받고 '싫습니다'라고 한다면 직장 생활에서 성공할 가능성은 없다. 성공은커녕 틀림없는 구조 조정 대상 우선 순위다. 따라서 조직 폭력배와 마찬가지로 상사의 명령을 거스르면 안 된다.

조직 폭력배는 두목을 가장(家長)으로 하는 가족제(家族制)와 비슷한 집단이다. 조직 폭력배 사회는 '두목의 명령은 곧 생명'이라는 굳건한 가치관 위에 서 있다. 따라서 두목이 명령하면 부하들은 무조건 이를 수행해야 한다.

그렇다면 봉급쟁이들의 세계는 어떨까? 가장 제도(家長制度)는 아니다. 계약의 세계다.

"상사가 무슨 대수야?"

라고 갑자기 거만을 떨 수도 있다. 완전한 상의하달 구조는 아니기 때문이다. 하지만 상사의 명령이 절대적인 것은 사실이다. 분식 회계나 뇌물 수수 사건 등이 위법인 줄 알면서도 명령을 따르다 보면 어쩔 수 없이 하게 되는 것처럼 말이다.

그럼 왜 상사에게 복종하는가?

승진에 관여되기 때문이다. 상사의 명령을 따르면 자신을 이끌어줄지도 모른다고 기대하기 때문에 상의하달이 성립된다. 바꾸어 말하면 '두목—부하' 관계는 아니더라도 상대가 무엇을 원하는지 꿰뚫어 보고 '이 사람의 마음에 들게 하면 승진시켜 줄지도 모른다' 는 기대감을 갖는다. 그러면 조직 폭력배 세계와 마찬가지로 원하는 대로 부릴 수 있게 되는 것이다.

⇒ 배반의 힌트 ⇐
상대가 기대감을 갖도록 하자

책임 소재를 확실히 하는 사람

책임감 강한 사람이 칭찬받는 모습은 드라마 속에서나 볼 수 있다.

"내가 잘못했어. 모든 책임은 내게 있으니 네가 원하는 대로 해도 좋아."

주인공이 비 내리는 길 위에서 무릎을 꿇고 말한다. 드라마에서 자주 보는 극적인 장면이다. 드라마에서는 감동적일지 모르지만 일반 회사원이 이래서는 곤란하다. 스스로 자신의 잘못을 인정해서는 안 된다.

"제가 잘못했습니다."

"그래? 그렇다면 책임을 져야지."

그러다 자칫하면 한직으로 밀려날 수도 있고 어쩌면 성공을 향한 여정을 이쯤에서 포기해야 할지도 모른다. 그렇기 때문에 회사원은 자기 혼자 책임을 다 져서는 안 된다. 누군가 책임을 져서 좋아할 사람은 책임을 피해가는 무리들뿐이기 때문이다.

회사라는 이윤 추구 조직에서 실패는 누군가가 책임을 짊어짐으로써 마무리된다. 마치 제비 뽑기로 벌칙 당번을 정하는 것과 마찬가지다. 따라서 '어떻게 하면 나쁜 제비를 뽑지 않을까'가 중요하다. '책임=남, 업적=나'라는 신조로 살아가는 것이 현명하게 세상을 살아가는 방법이라 할 수 있다.

"선배님, M상사와 상담을 진행하고 있습니다만 뭔가 좋은 아이디어없으십니까?"

리스 회사의 V가 영업부의 Q에게 조언을 요청했다. 그는 복사기의 리스 계약을 추진 중이었다.

"담당 과장을 접대하는 게 제일이지. 근사하게 식사를 대접한 뒤 2, 3차까지 돌고 나면 대개는 게임 오버라고."

"감사합니다."

그리고 일주일 뒤 V씨가 울상을 하고 선배에게 찾아왔다.

"일이 엉망이 되어버렸어요. 그 과장을 식사에 초대했더니 성을 버럭 내더라고요. 자기를 우습게 보지 말라면서. 선배님 조언을 따랐는데……."

V는 '책임=남'이라는 공식대로 선배의 조언에 따른 결과임을 명확히 하면서 '다른 예비 고객은 없습니까?'라며 선배를 압박했다.

만약 V가 M상사의 리스 계약에 성공했다면 그 '공'은 '나'에게로 돌리고 선배에게 조언을 받은 것에 대해서는 입도 뻥긋하지 않았을 것이다.

⇒ 배반의 힌트 ⇐
어려운 일은 조언을 받자

아 부 할 때

아부도 능력이다.

손바닥의 손금이 닳도록 비비고 또 비비면 된다. 단지 어떻게 비빌 것인지가 문제다.

상사의 행동을 보고 접근하여 잽싸게 가방을 받아 들거나, 부장이 올 때까지 엘리베이터의 문을 열고 기다린다거나, 또는 출근 전철에서 과장과 마주치면 재빨리 자리를 잡아 양보하는 방법 등 비비는 방법은 여러 가지다. 상사든 단골 고객이든 아부를 받아서 기분 나빠할 사람은 없다. 사람은 누구나 '아부받고 싶어하는 병'에 걸려 있다. 아부를 한다는 것은 상대가 힘을 가지고 있다는 증거다. 부자들에게 아부를 떨어도 가난한 이에게 아부를 떠는 사람은 없기 때문이다.

그런데 가방을 잽싸게 받아 들거나 하는 방법은 다소 비굴해 보인다. 또한 상대방이 얕볼 수도 있다. 게다가 고마워하기는커녕 이쪽이 당연히 해야 할 일이라는 느낌을 갖게 하기도 한다.

이래서는 아무리 아부를 해도 별 의미가 없다.

어떻게 할 것인가? 이때는 제3자의 '입'을 빌리는 방법을 쓴다.

"과장님 말이야, 정말 대단하셔."

동료나 선배를 불문하고 만나는 사람마다 입에 침이 마르도록 칭찬을 한다. 그렇게 하면 반드시 과장 귀에 들어가게 된다.

'오, 그 친구가 그렇게 나에 대해서 호감을 가지고 있나?'

과장은 기쁠 수밖에 없다.

면전에서 '대단한 사람'이라고 하는 것보다 'X가 과장님을 훌륭하신 분이라고 하던데요'라고 다른 사람이 이야기를 전하도록 하는 쪽이 훨씬 효과적이다.

  이것을 심리학에서는 '원저 효과'라고 부르는데 심리학까지 동원할 것도 없이 칭찬은 돈 한 푼 안 들이면서도 그 효과가 큰 최고의 아부 방법이다.

⇒ 배반의 힌트 ⇐
제3자를 통해 매우 기쁘게 하자

일을 효율적으로 처리하는 사람

　항상 환자들로 복잡한 병원과 휑하니 비어 있는 병원 중 어느 쪽에 더 신뢰가 갈까? 당연히 혼잡한 병원을 택할 것이다. 사람들은 대개 '명의=소문=혼잡'이라는 식으로 추측하기 때문이다.
　이에 착안하여 예약제 치과 병원을 개업한 O원장은 생각했다.
　'같은 시간 대에 환자를 모이게 하면 명의라는 소문이 나지 않을까?'
　과연 그대로 적중했다. 환자는 급증하고 병원은 대성황이었다고 한다.

다른 예로 백화점 지하의 반찬 가게도 마찬가지다. 손님이 없을 때는 포장을 천천히 해주며 시간을 끌어 '손님을 모이게' 한다. 한 사람 두 사람 손님의 발을 묶어놓으면 순식간에 많이 모이게 된다. 이것이 바로 의도된 연출이다. 봉급쟁이도 상사의 마음에 들게 하려면 어느 정도의 연출이 필요하다.

자동차 대리점의 영업 사원인 K는 술집에서 회사로 전화를 걸어 상사가 남아 있으면 자리를 박차고 회사로 돌아간다. 할 일이 없어도 일단은 돌아간다.

"어라, K씨 다녀왔어?"

"단골 고객과 한잔하고 있던 참이었는데 과장님이 남아 계셔서요."

"이런, 그렇게 신경 쓰지 않아도 되는데……."

과장은 그렇게 말하면서도 빙그레 웃는다. 중간에 분위기를 깨면서까지 일부러 돌아왔다는 사실에 K가 기특하게 생각됐을 것이다.

"그래? 그럼 나랑 마저 한잔할까?"

이것이 K의 연출이다.

실은 이 연출은 고참 국회의원이라면 누구나 하고 있는 일이다.

예를 들어 선거구가 멀리 떨어진 원격지의 지역 유권자들로부터 어떤 파티에 출석을 부탁받았다고 하자. 한창 바쁜 때인데 왕복에 한나절이 걸리고 현지에 머무를 수 있는 시간은 한 시간밖에 없다. 어떻게 할까?

신참 의원은 '한 시간밖에 머무르지 못한다면 자기소개도 다 못해. 시간만 아까우니 그만두지' 라고 합리적인 쪽으로 생각한다.

하지만 고참 의원은 그 반대다. 머무르는 시간이 짧으면 짧을수록 자기 선전이 된다고 생각한다. '단 한 시간을 위해서 일부러 멀리서부터 내려와 주었다' 며 감격하는 선거구민의 심리를 파악하고 있다. 그렇기 때문에 먼 거리를 마다 않고 달려간다.

고참 의원은 꾀를 부려 머무는 시간을 일부러 짧게 해서 도착하자마자 바로 상경하는 연기를 하기도 한다.

'와주었다'는 것과 '일부러 와주었다'는 것은 같은 노력과 시간을 쓰지만 상대가 느끼는 감흥에서는 하늘과 땅만큼의 큰 차이가 난다.

아부의 방법이 승패를 좌우한다.

⇒ 배반의 힌트 ⇐
시간이 없을 때일수록 방문하여 은혜를 베풀어라

부서의 사기를 북돋을 때

수세에 몰리면 부하는 상사를 쳐다보게 된다. 이는 스포츠도 마찬가지다.
프로 야구의 경우를 예로 들어보자.
시즌 마감을 앞두고 수위와의 차는 열 게임이나 된다.
'이런 상태라면 우승은 어림없겠군.'
선수들은 이렇게 생각하며 감독의 얼굴을 훔쳐본다. 이제부터 어떻게 싸워갈까 감독의 심중을 읽는 것이다.
감독이 벌레 씹은 듯한 표정을 하고 있으면 '역시 무리야'라고 남은 게임에서 우승에 대한 기대는 포기한다. 이미 마음은 다른 곳에 가 있고 머리 속에는 재계약에 대한 생각만으로 가득 차 있다.

그런데 '자, 모두 지금부터 역전을 노린다. 우승은 우리 것이다!'라고 감독이 용기를 북돋우며 여유있는 미소를 띠면 '제정신인가?'라며 선수들은 당황한다. 그러다가 연승이라도 하게 되면 '혹시 진짜로 우승하게 되는 거 아냐?' 하는 기분이 든다.

이것을 '사기 진작'이라고 한다.

스포츠뿐만 아니라 아이가 시험에서 나쁜 성적을 받았을 때, 혹은 부하가 일처리를 제대로 못해 귀사했을 때 모두 마찬가지 심리로 반드시 부모나 상사의 얼굴을 훔쳐보게 되어 있다.

'이런 걸 점수라고 받아오니······.'

'이 멍청이, 이런 실수를 하다니.'

이런 표정으로는 그 사람의 사기를 올릴 수 없다.

여기서는 웃는 얼굴을 보여야 한다. 그러면 '어라? 여유를 보이고 있네'라며 상대는 좋은 쪽으로 당황하기 마련이다. 게다가 '좋아. 자, 다음이 승부다'라고 용기라도 북돋워주면 어쩐지 자신이 꼭 할 수 있을 것 같은 기분이 든다.

반대로 팀이 연전연승일 때는 어떻게 할까? 찬물을 끼얹어 들뜬 분위기를 가라앉힐 필요가 있다.

선거의 경우를 예로 들어보자.

"한 표만 더 부탁드립니다. 현재 뒤지고 있습니다. 이 지역의 표에서 이기느냐 지느냐의 승부가 결정납니다."

선거 운동 차에서 '남은 한 표를 더 부탁' 하는 소리가 들려오면 선거전은 앞서고 있다고 생각해도 좋다.

선거전에서는 'A후보는 문제없다'는 낙관론은 치명적이다. 사람들은 '나 하나 정도야 빠져도 괜찮겠지' 하고 투표에 참석하지 않는다. 그래서 앞서고 있을 때 뒤지고 있다고 가장하여 '한 표 더'를 외치며 투표에 참가하도록 '눈물'로 호소한다.

상사도 부하를 통솔하여 자기 뜻대로 움직이려면 현상과 반대되는 연출을 할 필요가 있다.

⇒ **배반의 힌트** ⇐
현상과 반대로 연기하자

격려할 때

'격려의 말 백 마디보다 격려의 음료수 한 병이 낫다.'
이것이 인간의 심리다.
철야 근무로 고생하는 부하에게 수고하라는 격려의 말 한마디보다는 음료수라도 한 상자 사서 슬쩍 부하 책상 위에 올려 놓는 쪽이 훨씬 효과적이다. 인간은 누구나 말로는 무엇이든 쉽게 할 수 있다고 생각하기 때문이다. 그렇기 때문에 이런 심리를 아는 사람은 적극적으로 물질 공세를 편다.
자기 집에 놀러온 부하에게는 반드시 선물을 들려 보낸다. 누구나 선물을 받으면 그 가격에 상관없이 뭔가 대접을 받았다는 기분이 들어 기뻐했던 경험이 있을 것이다.

그런데 여기서 주의할 것이 하나 있다. 여행 선물에는―비싼 것일 때는 이야기가 다르지만―결코 상대가 기뻐하지 않는다는 점이다. 여행 선물은 여행에서 즐기고 '남은 것을 나눠 준다'는 느낌이 들기 때문이다.

이에 비해 철야 근무를 계속하는 부하에게 음료수를 사주거나 집에 놀러온 부하에게 선물을 주는 것은 전혀 의미가 다르다.

일을 하거나 놀러 오거나 뭔가를 부탁한다는 것은 부하가 당신을 위해 어떤 일로든 연관되어 있다는 의미다. 이런 경우에 뭔가 사주거나 선물을 하는 것은 부하의 행동에 대해 상사가 일부러 '감사의 뜻을 물질로 표시한다'는 의미를 지니게 된다.

부하는 여기에 감동한다. 그렇기 때문에 100엔짜리 음료수 한 병으로도 부하의 마음을 사로잡을 수 있다.

⇒ **배반의 힌트** ⇐
말보다 물질로 격려하자

외주를 풍부하게 사용하는 사람

　대형 광고 대리점에 근무하는 Y는 40세를 눈앞에 두고 조용히 독립을 생각하고 있다.
　독립은 간단하여 책상과 전화만 있으면 되었다. 기계 등의 설비 투자는 불필요하므로 그다지 자금이 없어도 개업은 가능했다. 문제는 영업으로 광고 주문을 받아낼 수 있을지가 관건이었다.
　그래서 Y는 회사에 있는 동안 우량 고객은 가격을 깎아주고 제작 회사나 인쇄 관련 업체는 할증액을 지불하여 편의를 봐주면 독립 후에도 좋은 관계로 일할 수 있을 것으로 기대했고,

실제로 고객도 제작 회사도 모두 기뻐했다.

"Y씨에게는 언제나 신세만 지는군요."

모두 Y를 추켜세웠다.

그때까지는 좋았다.

Y는 1년 뒤에 독립했다. 기대처럼 순풍에 돛 단 듯이 시작될 줄 알았는데 추측은 보기 좋게 빗나갔다. 바깥 세상은 그리 순탄치 않았다. 형편을 돌봐줄 것으로 기대했던 고객과 제작 회사, 그리고 인쇄 회사도 모두 등을 돌리고 말았다.

왜 그랬을까?

그들에게 Y는 돈을 대어주는 물주에 지나지 않았다. 가격 할인도 할증액 지불도 Y의 노력으로 해준 것이 아니라 자기 권한 범위 안에서 해준 일에 지나지 않았다. 거래처에서 좋아하는 해도 감사하는 마음은 생기지 않는 것이 당연했을 것이다. Y의 추측과는 달리 어느 한 사람도 고마움을 느끼지 않았다. Y는 은혜를 베푸는 방법을 착각하고 있었기 때문이다.

'은혜를 베푼다'는 것은 상대에게 감동을 주어야 하는 것으로 금품은 그 소도구에 지나지 않는다. Y는 우량 고객이나 제작 관련 회사가 아닌 경영난에 처해 있는 어려운 회사를 대상으로 은혜를 베풀었어야 했다.

"입금은 다음 달까지면 됩니다."

"인쇄 대금과 경비로 조금 올려 드렸습니다."

이런 편의를 봐주었더라면 경영난에 처해 있던 회사에 Y는 구세주로 보였을 것이다.

'도움을 받았다'고 감사를 느끼게 하는 것이 '은혜'다.

'이게 웬 떡이냐?'라고 기뻐하는 것은 단순히 이득을 봤다는 느낌에 지나지 않으며 거기에 감사의 기분은 담겨 있지 않다. 같은 돈이라도 누구에게 어떻게 사용하는지에 따라 결과는 확연히 달라진다.

⇒ **배반의 힌트** ⇐
구세주가 되자

상호 비교 견적을 하는 사람

 물건을 구입하거나 리스로 설비를 사용하는 경우 상호 비교 견적을 받는 것은 상식이다. 예를 들어 OA기기의 리스 기간이 만기가 되었다고 하자. 지금 현재 리스를 하고 있는 A사는 기능 개선에 따른 리스를 계속 유지하기 위해 매일 찾아온다. 경쟁사인 B사 역시 지금이 기회라고 영업 공세를 강화한다. 이때 당연히 양사의 견적을 받아 경쟁시킨다.
 "A사는 55만 엔이라는 가격을 제시했습니다만······."
 이렇게 B사를 부채질해 가격을 깎고 이번에는 그 견적을 A사에게 보이며, 'B사는 45만 엔까지 내렸는데 어떻게 하시겠습니까?'라고 압박한다.

  이렇게 하여 싼 쪽으로 결정하게 된다. 하지만 영업 사원의 코를 꿰어 끌고 다니듯 기세를 부리는 것은 소인배들이 하는 짓으로 이런 류의 인간은 우선 성공하지 못한다. 아무리 견적을 내보아도 양사 모두 한계에 다다른 수치를 내기 때문에 금액에 큰 차이는 없다. 유능한 사람은 상호 견적으로 양사를 경쟁시키면서 금액보다는 '어느 쪽의 영업 사원이 자기에게 이익이 될까'를 먼저 생각한다.

  지금 거래하고 있는 A사의 영업 사원이 B사의 영업 사원보다 재치있고 쓸 만하다고 생각하면 A사의 견적이 B사보다 높은 단계에서, '회사의 관점에서 보면 B사로 결정해야 하지만 저로서는 비싸더라도 당신의 회사에 주고 싶습니다'라고 말한다.

  이러면 A사의 영업 사원은 감격하게 된다. 이렇게 회사에서 돈을 받아가면서 외부 사람을 자기 인맥으로 만들어간다.

⇒ 배반의 힌트 ⇐
회사 돈으로 인맥을 늘리자

사내 불륜이 들통나게 되었을 때

 사내 불륜은 들통나게 되어 있다. 그렇게 각오해 두는 것이 좋다.
 사원이 수백 명이나 되고 부서가 완전히 다른 경우라면 그렇게 간단히 들통나지는 않을지도 모른다. 그러나 같은 부서에서 데이트 현장을 들키지 않더라도 두 사람의 평소 분위기에서 결국 눈치 채게 된다. 더구나 서로 신체 구석구석까지 알게 된 사이라면 사소한 대화나 행동에서 둘만의 '친숙함'이 배어 나오는 것은 당연하다.
 A부동산 영업과의 H과장이 여사원 I와 불륜 관계라는 사실

이 들통난 것도 아주 사소한 일 때문이었다. 점심 시간에 고객으로부터 받은 과자를 직원들끼리 나누어 먹는데 이때 커피를 타온 I가 '크림 넣을까?' 하고 H과장에게 무심코 물었다. 작은 목소리였지만 주위에 있던 여사원들의 민감한 귀는 이 말을 놓치지 않았다.

어느새 사내에 소문이 퍼지고 H과장은 궁지에 몰리게 되었다. 앞으로의 직장 생활에 지장을 초래할 위기였다. 승진은커녕 직원들 분위기가 서먹해져 영업 실적이 떨어지는 결과라도 나오게 되면 책임을 물게 될 처지였다.

H과장은 어떻게 했을까?

우선 H과장은 I에게는 어쩔 수 없으니 다른 방법을 써야 한다고 설득하여 부인에게 소개한다.

"근거없는 소문으로 혼사를 앞둔 여직원에게 민폐를 끼치게 되었지 뭐야."

한편, I도 사모님 앞에서 얌전한 태도로 사과한다.

"저야말로 과장님과 사모님께 심려를 끼쳐 드려서 죄송합니다."

이렇게 H과장은 '근거없는 소문에 맞서 싸우는 과장, 애인, 부인의 연합군' 이라는 구도를 만들었다.

"이대로는 내가 회사를 그만둘 수밖에 없어. 두 사람이 자연스럽게 지내는 모습을 보인다면 문제는 해결될 것 같은데……."

라며 H과장이 부인에게 대책을 상의한다.

한참 크고 있는 아이 둘을 생각하면 부인 처지에서도 여기서 남편이 회사를 그만두게 되면 큰일이었다.

"자, 모두 집으로 초대해서 파티라도 열어보죠."

이렇게 해서 영업과 직원 20여 명을 불러 파티를 열었다.

부인과 I는 전부터 교류가 있었던 것처럼 행동하면서, '저희 바깥양반이 요즈음 소문대로 I양과 정말로 불륜이라도 저지르고 싶다고 하네요. 호호' 하고 농담까지하며 유쾌하게 웃어 보이기까지 했다. H과장과 I의 불륜 소문은 파티를 계기로 사라지게 되었고 H과장의 작전은 보기 좋게 성공했다.

⇒ 배반의 힌트 ⇐
속이려면 집안 식구들부터 속여라

관례를 신경 쓰지 않는 사람

    무술가가 깡패와 싸워서 지는 경우가 있다. 깡패는 불시에 허를 찌르기 때문이다.
    예를 들면 술집에서 싸움이 일어났다고 하자.
    "밖으로 나가자."
    먼저 무술가가 조용히 말한다.
    "좋아."
    그러면 깡패는 동의하는 척하면서 등을 돌리자마자 맥주병으로 뒤통수를 내려친다.
    이렇듯 무술가는 정식으로 싸우는 습관이 배어 있어 깡패의

게릴라 전법에 허를 찔리기도 한다. 거꾸로 말하면 상대가 아무리 싸움을 잘한다고 해도 방법에 따라서는 이길 수도 있다는 것이다.

비즈니스에서도 마찬가지다.

Q시에서는 시 직원과 지정업자 사이의 비리가 시민 감시 제도의 고발에 의해 문제가 되었고 회식을 삼가는 등 자숙하게 되었다. 그러나 형식상의 접대는 금지되었지만 그만한 일로 쉽게 그 관례가 사라질 리 없었다.

대기업을 중심으로 접대는 몰래 계속되었고 지금이 기회라고 의욕을 보이는 M공업이 있었다. M공업은 아무런 비리 전과도 없는 것처럼 교묘하게 위장했으며 이런 이 회사의 속사정을 아는 사람은 마을에 아무도 없었다.

M공업은 어느 대기업의 접대 정보를 입수하고 사람을 현장에 보내 요정 현관을 빠져나가는 시청 직원의 현장 사진을 찍었다. 그리고 다음날, 시청을 방문하여 문제의 직원과 면회를 하고 사진을 보여주었다. 그리고 '가끔 스냅 사진을 촬영하다 보니 찍힌 겁니다' 하며 사진을 놔두고 돌아갔다.

이미 결정된 공사가 M공업으로 바뀌어 발주된 것은 그로부터 일주일이 지난 뒤였다. M공업은 한 푼의 접대비도 안 들이고 시에서 일을 받았다. 비즈니스는 '일'이라는 무대에서 다른 회사와 싸우는 것이다.

싸움에 진 회사는 도산하고 사원은 길거리를 방황하게 된다. 목숨을 건 회사끼리의 싸움이기 때문에 수단과 방법을 가리지 않는다. 그래서 뒤에서 뒤통수를 내려치기도 하고 걷어차기도 한다.

보통은 싸움 전에 사후 처리를 신경 쓰는 데 비해 깡패는 우선 이길 방법을 생각하고 그 뒤에 처리를 생각한다.

⇒ 배반의 힌트 ⇐
불시에 기습할 수 있는 사람이 되자

금품을 강요하는 사람

똘마니는 공갈 협박으로 먹고산다. 거리를 어슬렁거리며 대상을 찾아 헤매지만 대상을 발견하지 못하면 아무에게나 시비를 걸어 공갈을 친다.

"임마, 뭘 쳐다봐. 얼굴에 뭐 묻었어?"

단 꼬리가 잡히지 않도록 하기 위해서는 '한 사람의 봉'에 대해 공갈은 한 번만 한다. 처음에는 어쩔 수 없이 울며 겨자 먹기로 털어주기 때문이다.

그런데 돈 있는 쓸 만한 봉이 걸리면 두 번 세 번 계속해서 뜯어내게 된다. 이에 견디다 못한 봉이 비명을 지르며 경찰에게 달려가면 결국은 용의자가 된다.

  여기서 배울 점은 털린 사람이 경찰에게 달려가는 것은 '돈을 털린' 두려움 때문이 아니라, '이대로 평생 시달리게 되지 않을까' 하는 장래에 대한 불안이 가슴을 죄어오기 때문이라는 사실이다.

  봉급쟁이도 마찬가지다. 거래업자에게 금품 강요는 한 번만 해야 한다. 첫 번째는 의례적인 인사치레로 알고 있으므로 오히려 적극적으로 가져오지만, 여기에 맛을 들여서 두 번 세 번 강요하게 되면 업자는 참다못해 비명을 지르게 된다. 그리고 '이대로 계속 시달리면 어떻게 하나?' 하고 불안해하게 된다. 그렇게 되면 급기야 상사에게 일러바쳐 담당을 바꿔달라고 하는 사태를 불러올지도 모른다.

⇒ **배반의 힌트** ⇐
단물 빼먹기는 한 번으로 그친다

패자에게 친절하게 대할 수 있는 사람

K인쇄소가 대형 거래처를 잃었다. 거래처는 중견 출판사로 불황의 늪에서 헤어 나오지 못하고 도산하게 되었다. K인쇄소의 O사장은 동업자인 Z사장을 찾아가 도움을 요청했다.

"어떤 일이라도 좋으니 어떻게 좀 안 되겠습니까?"

머리를 조아리는 O사장을 내려다보며 Z사장은 10년 전의 일을 떠올렸다. 거품이 한창일 때 토지를 굴리며 위세를 떨던 O사장에게 돈을 빌려달라고 한 적이 있었다. 거래처의 도산으로 자금 회전이 급격하게 악화되었기 때문이다.

그때 O사장은 비웃으며 이렇게 말했다.

"돈을 빌려달라고요? 남에게 돈을 빌려야만 될 정도의 회사라면 빨리 정리하는 편이 좋지 않을까요?"

Z사장은 할 수 없이 여기저기를 돌며 필사적으로 자금을 조달하여 겨우 도산을 면할 수 있었다. 그런데 그 O사장이 거꾸로 도와달라며 간청하고 있는 게 아닌가.

'당신에게 나눠 줄 일 따위는 없지. 어서 도산이나 해버리라구!'

라고 소리치며 단숨에 십 년 묵은 체증을 씻어버릴 수도 있겠지만 Z는 그렇게 하지 않았다. 대신 더욱 가혹한 방법을 택했다.

'알겠습니다. 다음 달 대형 거래처에서 일이 좀 있을 예정인데 그게 오면 반드시 전화드리겠습니다' 라고 웃음 띤 얼굴로 대했다.

'대형 거래처의 일'이란 아무 생각 없이 한 말이었으나 O사장은 이 말에 기대를 했다.

하지만 일은 오지 않았다. 충격을 받게 될 상대의 얼굴을 상상하며 Z사장은 웃음 띤 얼굴로 응대했던 것이다.

'O사장은 배반당했다고 생각할지 모르지만 나는 10년 전에 더 심한 꼴을 당한 일이 있다'고 Z사장은 생각했다.

⇒ 배반의 힌트 ⇐
'친절한 응대'에 돈은 들지 않는다

삼 단계

허풍 치는 사람과 그 허풍에 속는 사람
'자네니까 하는 얘기야' 를 남발하는 사람
유능한 부하를 거느리게 되었을 때
소문에 밝은 사람
인정에 호소하는 사람
라이벌의 공로를 가로채자
난공불락의 고객을 공략할 때
남과 다르게 행동하는 사람
여러 사람에게 동시에 돈을 빌리는 방법
특별한 이유 없이 갑자기 거래 중지를 고하는 사람
도둑 고양이에게 먹이를 주는 사람
고객을 가로챌 때

허풍 치는 사람과
그 허풍에 속는 사람

"세상 모든 것이 허풍이다."

내 지인 중 젊은 행동파 우익으로 유명한 X회장은 이렇게 단언한다. '예를 들어 말이지' 라고 이야기를 시작한 그는 다음의 몇 가지 예를 들었다.

1. 여성 잡지는 판매 부수를 늘이기 위해 '당신은 유행에 뒤쳐져 있습니다' 라는 허풍을 떤다.
2. 입시 준비 학원은 '지금과 같은 성적으로는 대학에 못 갑니다' 라는 허풍으로 학생을 모집한다.

3. 보험 회사는 '지금부터 준비해 두지 않으면 늙어서 고생하십니다'라고 허풍을 쳐서 가입을 권유한다.

4. 경찰은 '잡아넣는다'라고 허풍을 쳐서 법을 따르게 한다.

5. 정치가는 선거전에서 '우리 나라 재정은 이대로 가면 파산'이라고 호들갑, 즉 허풍을 떤다.

그는 이 외에 여러 가지 예를 들면서 확신에 찬 얼굴로 말했다.

"인생, 그것은 바로 허풍이다."

일리있는 말이다. 그러나 X회장이 말하는 '허풍'은 정확한 의미의 '허풍'이 아니라 상대에게 일종의 강박 관념을 가지게 하는 것, 즉 허풍을 치거나 겁을 줘서 자신이 원하는 대로 움직이게 하는 것을 말한다. 이것을 X회장 식으로 말하면 '인생 모든 것이 허풍이다' 정도일까?

『금 도끼 은 도끼』의 정직한 나무꾼이 복을 받는 것과 같은 이야기는 이제 옛날이야기에서나 찾아볼 수 있다. 현실 세계에서는 정직하고 착한 사람들이 손해를 본다. 특히 비즈니스 세계의 기본 구조는 서로의 이익을 둘러싼 '허풍 대 허풍'의 싸움이라고 말할 수 있다. 어떻게 하면 이 치열한 싸움에서 이길 수 있을까.

이런 싸움에서 가장 중요한 것은 '해고야' 라든가 '이런 식으로 해주세요' 와 같이 자신이 먼저 문제에 대한 결론을 내려서는 안 된다는 것이다. '해고하겠다' 고 겁을 줬다가 부하가 사표를 쓰면 곤란한 것은 겁을 준 상사 쪽이다.

허풍은 허풍이기 때문에 효력이 발생한다. 그러나 만약 허풍이 현실로 변하면 수습할 방법이 없게 된다. 허풍은 확실치 않은 뉘앙스로 상대방을 고민하게 만들어 상대방 스스로 결론을 내리도록 하는데 이 '스스로 결론을 내린다' 라는 것이 중요하다. 즉, 자신이 결론을 내려야 하는 상황에 몰려 멋대로 불안감만 늘어나는 상대의 심리를 이용하는 것이다.

'해고야' 라고 말하지 않고 '이대로라면 뭔가 결단을 내려야 할지도 모르겠어' 라고 불분명하게 말하는 쪽이 상대에게 생각할 여유를 준다.

'결단? 해고하겠다는 말인가?'라고 생각할 만큼의 여유를 준다면 그 자리에서 '아, 그래요? 그럼 제가 먼저 그만두죠!' 하고 자리를 박차고 나가는 일은 막을 수 있다. 사람은 스스로 고민하여 내린 결론을 무시하지 못하기 마련이다.

'해고? 그건 안 되지.'

상대가 이렇게 생각하면 일단 허풍의 효과는 충분히 나타난 것이다.

⇒ **배반의 힌트** ⇐
결론은 상대에게 내리게 하자

> '자네니까 하는 얘기야'를
> 남발하는 사람

한 지방 은행에서 고객이 여직원의 태도에 화가 났다.

"실컷 기다리게 해놓고 지금 그 태도는 뭐야!!"

그날은 은행을 찾은 사람들이 많아서 그 손님은 자신의 차례를 오래 기다려야 했고 그것이 내심 불만이었을 것이다. 그리고 그 불만을 그대로 뒤집어쓴 것이 창구 직원 K였다.

손님에 대한 태도의 평가는 고객이 내리는 것이다. '저는 잘못한 것이 없는데요'라는 변명이 통할 성질의 문제가 아니며, 문제를 해결하기 위해서는 사과하는 수밖에 없다. 아니나 다를까, 그녀의 직속 상사가 한달음에 달려와 그 손님에게 사과하기 시작했다.

"정말 죄송합니다, 손님. 앞으로는 이런 일이 없도록 노력하겠습니다."

어떻게든 손님을 달래서 돌아가게 한 뒤, 그 상사는 K를 응접실로 불러서 심하게 꾸짖었다.

"도대체 자네는 창구 직원으로서의 기본적인 태도가 안 돼 있어!"

표면적으로 그 손님에게 사과는 했지만 자신은 잘못한 것이 없다고 생각하고 있던 K에게 그것은 커다란 충격이었다. 상사가 자신을 달래줄 것이라 기대했던 그녀는 그런 상사의 태도에 화가 나 은행을 그만두겠다고 말했다.

그런데 일이 이렇게까지 커지고 보니 곤란해진 것은 오히려 상사 쪽이었다. 그때는 대대적인 정리 해고 직후로, 만약 이런 사소한 일로 K가 회사를 그만두기라도 하면 직원 관리에 대한 책임을 져야 하는 것은 그였기 때문이다. 이렇게 되자 그 상사는 태도를 싹 바꾸어 일의 수습에 나섰다.

"K씨, 난 K씨니까 일부러 이렇게 혼을 내고 있는 거라고."

그는 이렇게 말하며 '다른 직원이라면 이렇게 혼을 내지도 않았을 것이다. K씨는 특별하다' 라는 것을 연신 강조했다. 즉, '유능한 K씨니까 이렇게 일부러 혼을 내는 거야. 자네의 장래를 생각해서 말이지' 라는 말이다.

속이 훤히 들여다보이는 말이지만 사람은 이런 말을 들으면 기분이 좋아지는 법이다. 틀어진 상대의 기분을 풀어주기 위해서는 '당신이니까 일부러' 라는 이 한마디가 백 마디의 설득보다 효과가 있다.

"자네니까 이 일을 믿고 맡기는 거야."

만약 이런 말을 직장 상사가 당신에게 했다면 그 상사에게 다른 꿍꿍이가 있다고 믿어도 좋다. 그리고 그때는 이렇게 대꾸해 주자.

"과장님, 죄송합니다. 저도 과장님 부탁이기 때문에 사양하는 겁니다. 과장님이 이렇게 저를 생각해 주시는데 만에 하나 일이 잘못되기라도 하면 어쩝니까?"

눈에는 눈, 이에는 이다. '당신이니까'라는 말을 연발하는 사람에게는 이쪽도 똑같이 '당신이니까'로 대처하는 것이 옳다.

⇒ 배반의 힌트 ⇐
'눈에는 눈, 이에는 이'로 대처하자

유능한 부하를 거느리게 되었을 때

종합 상사에서 중국을 담당하고 있는 S과장에게는 A차장과 B차장이라는 부하가 있다. 그런데 A차장은 굉장히 유능했고 B차장은 둔한 친구였다.

예를 들어 '상해 공장의 기획서가 필요해질 거야'라고 S과장이 말하면 A차장은 '벌써 준비되어 있습니다'라고 대답한다. 그러나 B차장은 보통 이렇게 대답한다.

"상해 공장이요? 그게 뭐였죠?"

다시 말해 B차장은 무능한 부하의 표본이었다. 그리고 S과장과 A차장이 함께 술을 마실 때면 다음과 같이 B차장을 험담

했다.

"그 녀석은 우리 과의 걸림돌이라니까."

"출신이 동경 대학교라서 채용된 거 아닙니까?"

"동경 대학교? 말이 좋아 동경 대학교지, 그 녀석 전공은 역사라고 역사. 도대체 역사가 우리 회사와 무슨 관계가 있느냔 말이야."

이처럼 S과장은 A차장을 자신의 오른팔이라 생각했고 그만큼 아꼈다. 그러던 어느 날 긴자에서 담당 거래처의 손님을 접대하고 있던 S과장은 어떤 클럽에서 우연히 A차장과 만났다. 그런데 이게 웬일인가! A차장이 부장과 술을 마시고 있는 것이 아닌가.

'앗, 과장님' 하고 깜짝 놀란 A차장이 허둥댔다. S과장은 그때까지 A차장으로부터 부장에 대한 이야기를 들은 적이 없었다. S과장은 A차장이 일부러 말하지 않은 것이 틀림없다고 생각했다. 이렇게 단둘이서 술을 마실 정도의 사이인데, '자기의 오른팔'이라고 믿어온 A차장이 말하지 않았을 리가 없었기 때문이다.

A차장은 유능한 친구다. 부장의 마음에 들려고 노력하고 있는 것이 틀림없었다. 그런 그가 노리는 것은 무엇일까. 자신의 과장 자리라는 생각이 S과장의 머리 속을 스쳤다.

'저 녀석, 내 자리를 노리고 있었군.'

그날 저녁 이후로 S과장은 A차장을 멀리하게 됐고 대신 B차장을 가까이 했다. 면도날에 비유하면 날이 무딘 만큼 안전하다고나 할까. B차장이 자기 몰래 자기 자리를 노릴 일은 없을 거라 생각한 것이다. 둔한 만큼 옆에 두어도 안심이 됐다.

도요토미 히데요시는 주군의 의심을 사는 것이 얼마나 무서운가 하는 것을 누구보다 잘 아는 사람이었다. 모리 일가의 영지를 공략할 때 그는 일부러 자신의 힘든 처지를 적절히 적은 편지를 주군인 오다 노부나가에게 보내 원군을 청했다. 만약 자신의 힘만으로 모리가를 평정했다면 그 공로는 더욱 컸을 것이다.

하지만 도요토미는 그렇게 하지 않았다. '무서운 놈'이라고 주군의 경계를 사서 말살당하는 것을 피하고 싶었기 때문이다. 즉, 그는 오다 노부나가에게 '도와주십시오'라는 서찰을 보내 주종 관계를 확실히 한 것이다.

 비즈니스 세계에서 자신의 자리를 위협하는 부하를 좋아하는 상사는 하나도 없다. 이 때문에 유능한 부하는 처음에는 대우를 받으나 다 쓰고 나면 버림받는다. 무능한 부하는 쓰기 곤란하기는 하지만 자신의 자리를 위협할 위험은 없다. 유능한 부하는 말하자면 '양날검'인 셈이다.

 역사를 전공한 B차장이 이런 도요토미 히데요시의 처세술을 모를 리가 없다. 아니, 도요토미가 어떻게 보신하여 나중에 일본 전국을 통일했는지 누구보다도 잘 알고 있었을 것이다.

 이렇게 생각한 나는 문득 이런 의문이 들었다.

 '만약 B차장이 도요토미의 처세술을 숙지하고 일부러 둔한 부하를 연기하고 있었다면?'

 이것은 아직도 풀리지 않는 의문으로 남아 있다.

⇒ **배반의 힌트** ⇐
귀여워하는 것도 적당히 하자

소문에 밝은 사람

"F가 자네 험담을 하고 다니는 것 같던데 F랑 무슨 일 있었나?"

O는 입사 동기 X에게 이런 말을 들었다.

F는 학교 후배 중에서도 자신과 가장 친한 후배로 O는 F를 동생같이 아끼고 있었다. 그런 그가 자신의 험담이라니… 뭔가 다른 이야기를 한 것을 가지고 소문 내기 좋아하는 X가 호들갑을 떨고 다니는 것이리라. 뭐, 어찌 된 일이든 상대할 가치도 없다고 O는 생각했다. 그러나 이미 이때 O의 마음 한구석에 '의심'이라는 씨가 뿌려졌다는 사실을 O는 눈치 채지 못

했다.

며칠 후 O는 F를 포함한 후배들과 술을 마셨다. 그런데 언제나 자신의 옆에 앉던 F가 그날만은 멀리 떨어진 자리에 앉아서 술을 마시는 것이 아닌가. 게다가 옆의 사람과 뭔가 비밀스레 속삭이고 있는 것처럼 보였다.

'이상한걸. 저럴 녀석이 아닌데.'

O의 마음 한구석에서 '의심'의 씨가 싹을 틔운 것이다.

그리고 또 며칠 후, O가 F에게 한잔하자고 꼬드겼다. 그런데 F는 다음과 같이 말하며 거절했다.

"선배님, 어떻게 그렇게 매일같이 마십니까?"

"야, 무슨 말이야. 이제까지 같이 마신 게 누군데? 새삼스럽게……."

"그러니까 이제부터라도 몸을 좀 아껴야죠. 늦었다고 생각할 때가 가장 빠르다는 말, 모르세요?"

이 정도의 농담이라면 아무렇지도 않게 주고받던 두 사람이었지만 마음에 미묘한 변화가 생긴 O는 이 말을 이전처럼 받아들일 수 없었다.

'설마 X가 한 얘기가 정말일지도……'
그리고 또 일주일이 지났다. 또다시 동기인 X가 물었다.
"무슨 일 있었어? F랑 요즘 안 좋다면서?"
"글쎄… 그게 나도 잘 모르겠단 말야."
"He is not what he was란 말도 있잖아. 아무리 충견이라도 자기 먹이를 뺏어가는 주인은 물지. 하지만 뭐, 그렇게 신경 쓰지 마."
이렇게 O와 F의 사이는 점점 멀어지게 됐다. 그리고 O는 1년 후에 X가 F의 중매를 섰다는 소문을 들었다.
사람은 타인이 뿌린 의심의 씨를 스스로 자신의 마음속에서 싹 틔우고 자라게 하는 동물이다. 그리고 언젠가 그 씨앗은 커다란 꽃을 피우게 된다. O의 경우처럼.

⇒ **배반의 힌트** ⇐
상대방의 마음에 의심의 씨앗을 뿌려라

인정에 호소하는 사람

 '여기밖에 믿을 곳이 없습니다. 제발 좀 도와주십시오' 라는 말로 영업 사원이 애원하면 '그래, 하나 사주지' 라고 대답할 기분이 든다. 하지만 만약 영업 사원이 '여기 아니라도 손님은 많습니다만 하나 어떠십니까?' 라고 하품이라도 하면서 말한다면 어떨까. '뭐라고? 뭐 이런 사람이 다 있어?' 라고 말하며 소금이라도 뿌리고 싶은 마음이 들 것이다. 바로 이것이 고객의 심리다.

 영업이라는 것은 상품, 즉 물건을 파는 것이 아니라 영업 사원이라는 '사람' 을 파는 일이다. 그러나 대개의 영업 사원은 상품의 성능이나 가격만을 앞세워서 물건을 팔려고 하기 때문에 영업이 잘 안 된다. 만일 고객이 100퍼센트 성능이나 가격 위주로 물건을 선택한다면 영업 사원 따위는 필요없지 않을까. 상품 소개서에는 실려 있지 않은 무언가로 물건을 팔기 때문에 영업 사원이 필요한 것이다.

일본은 멀티(다각적) 천국이라고 불리는 나라다. 그리고 이러한 다각적 상법을 통해 세계 속의 커다란 시장이 될 수 있었다. 이것은 일본이 '정의 나라'이기 때문에 가능한 일이었다. 무엇보다 먼저 인정에 호소하고 부탁하며 애원하고 매달린다.

영업 사원이 '이렇게 부탁드립니다'라고 말하며 눈앞에서 무릎이라도 꿇어보라. 대개의 사람은 이 행위 하나만으로도 마음이 움직인다. 이것은 선거를 봐도 잘 알 수 있다. 한 번 무릎을 꿇는 행위로 몇 백만 표가 왔다 갔다 한다. 이런 나라이기 때문에 '당신만이 내 살길이오'라며 인정 작전으로 나가는 것이다.

그런데 사람은 다른 사람이 자신에게 애원하고 매달리면 우쭐해져서 그 사람을 자신의 아랫사람으로 착각하기 시작한다.

이 관계가 영원히 계속되면 영업 사원 따위는 할 만한 직업이 못되게 된다. 따라서 일단 계약이 성립되면 '당신만이 희망'이 아니라 '당신도 고객의 한 명'으로 한 걸음 물러나야 한다. 즉, '손님 말고도 다른 손님도 많습니다' 라는 뉘앙스를 대화 여기저기에 풍기는 것이다. 그렇게 해야 원래의 대등한 인간관계로 돌아갈 수 있다.

처음에는 굽히고 들어가서 서서히 서로의 처지를 역전시키지만 결코 상대는 눈치 채지 못하게 하는 것, 이것이 프로페셔널의 영업 방식이다.

⇒ **배반의 힌트** ⇐
인정에 호소하는 것은 처음뿐이다

라이벌의 공로를 가로채자

동료에게 공적을 양보한다. 적의 처지를 딱히 여겨 지원해 준다. 이는 아름다운 이야기라고 하지 않을 수 없다. 혹시 '비즈니스맨도 멋을 알아야 한다'고 생각한다면 앞에서 든 예처럼 행동해 보길 바란다. 아마 당신은 머지않아 정리 해고되고 당신의 가족은 길거리를 헤매게 될지도 모른다.

샐러리맨은 일의 성과로 자신의 모든 것을 평가받는다. 그렇기 때문에 설사 자신의 성과가 1밖에 안 될지라도 10으로 보이기 위해 노력해야 한다. '역사는 이기는 쪽에 의해 쓰여진다'라는 말이 있다. 이기는 쪽이 정의며 무슨 짓을 해서라도 이겨야 하는 것이 현실이다. 공을 세우고 그것을 자랑하는 것 뿐만 아니라, 남의 공을 가로챌 수 있을 정도의 마음가짐으로 살아가야 하는 것이 샐러리맨이다.

이렇게 말하면 '인간적으로 어떻게 그런 비겁한 짓을' 이라고 말하는 사람이 있을지도 모르겠다. 그렇게 말하고 싶다면 얼마든지 말하라. 이 정도는 아무것도 아니다. 정치가들 사이에는 라이벌 정치가의 공을 자신의 것인 양 선전하여 '선생님' 이라고 불리는 사람들마저 있다.

자민당의 M은 지난번 중의원 선거에서 야당의 Y에게 아까운 표 차이로 졌다. 자민당 집행부는 소선거구에서의 입지 강화를 위해 '낙선한 선거구라 할지라도 정부 예산을 받을 수 있도록 노력한다' 라는 방침을 발표한 바 있었다. 이에 지역애가 남다른 M은 자신이 공약한 다리나 도로 등의 예산을 공약대로 분배받을 수 있도록 당 본부와 담판을 지었다. 그것은 누가 봐도 M의 공이었다. 그러나 얼마 후 이상한 소문이 M의 귀에 들려왔다.

"이게 바로 내 실력이야. 여당도 아닌 내가 예산을 끌어들이고 있잖은가."

　Y의원이 이렇게 자랑하며 다니고 있다는 것이다. 바로 M의 공을 가로챈 것이다. 더 기가 막히는 일은 만나는 사람마다 Y의원을 칭찬하기에 정신이 없다는 사실이다. 게다가 'Y선생님은 대단해' 라는 소문이 어느새 기정사실이 되어버렸다.

　설사 사실이 아닐지라도 일단 기정사실이 되어버리면 어찌 손 쓸 방법이 없는 것이 소문이다. 부랴부랴 '그건 사실이 아니다. 그것은 M씨가 힘을 쓴 것이다' 라고 M 진영에서 열심히 해명했지만, 오히려 사람들에게는 선거에 진 것에 대한 앙심 정도로 비쳐 역효과를 낳았을 뿐이다.

　Y의원을 '뻔뻔하고 능글맞다' 라고 평한다면 자신의 공적을 남에게 빼앗긴 M은 단순한 '바보' 다. 바보가 아무리 자신의 정당성을 주장해 본들 주위의 웃음만 살 뿐이고, 뻔뻔한 인간은 나오는 웃음을 참아가며 침묵을 지키기만 하면 된다. 도요토미 일족을 멸망시킨 도쿠가와 이에야스를 봐도 알 수 있듯이 동서고금을 막론하고 승자는 언제나 '뻔뻔한 인간' 들이었다. 일에서 뻔뻔한 것은 곧 '능력' 이요, 모자랄 정도로 순진한

것은 곧 '무능'인 것이다.

그래도 Y의원 정도는 귀여운 축에 속한다. 각 의원들이 자신의 지역에서 개최하는 국정 보고회에 한번 가보라. 그들은 이라크 부흥, 구조 개혁, 북일 문제, 경제 문제, 학교 교육 문제, 외교 문제 등을 거론하며 이 모든 것이 자신의 힘에 의해 움직이고 있는 것처럼 선전한다. 남의 공을 가로채는 것 정도는 여기에 비하면 정말 새 발의 피에 불과하다.

먼저 행한 사람, 훔친 사람, 먼저 말한 사람이 이기는 세상이다. 이것을 비즈니스의 세계에서는 이렇게 말한다.

'남보다 앞서야 남을 제압할 수 있다.'

⇒ **배반의 힌트** ⇐
기정사실로 만들어 버려라

난공불락의 고객을 공략할 때

흔히 '고객은 왕이다'라고 하는데 이 말이 사실일까? 결론부터 말하면 사실이다. 고객이 있기 때문에 상업이 성립하므로 어떤 의미에서는 왕보다도 귀한 존재라고 할 수 있다.

그러나 고객이 왕이라는 것도 어디까지나 '고객'이 된 후부터 성립하는 말로 그 이전, 즉 영업을 시작하는 단계에서는 나와 같은 사람일 뿐이고 어디서든 볼 수 있는 아저씨, 아주머니에 불과하다. 상대의 이름에 붙어 있는 부장이니 사장이니 하는 직책 또한 그 사람이 속해 있는 회사에서 붙인 것으로, 그 회사에 영업을 하러 간 영업 사원에게는 아무 의미를 갖지 못한다. 그리고 그것을 전제로 영업이 시작된다.

"안녕하십니까? 올록볼록 자동차입니다. 오늘은 저희 회사의 신차를 소개시켜 드리기 위해 찾아뵈었습니다."

자동차 딜러 법인의 영업부 H는 다짜고짜 운송 회사로 찾아가 위와 같이 영업을 개시했다고 한다. 그러자 사장으로 보이는 사람이 귀찮다는 듯 말했다.

"지금 당장은 차를 바꿀 생각이 없소."

"그러십니까? 그렇다면 안내 책자를 놓고 가겠으니……."

H가 여기까지 말했을 때 그 사장인 듯한 남자가 버럭 화를 냈다.

"바꿀 마음이 없다고 했는데 왜 귀찮게 구는 건가! 썩 꺼져, 이 사기꾼 같은 친구야!"

이 말에 H도 화가 났다.

"사기꾼이라뇨?"

"왜? 불만인가?"

"그 말 취소해 주십시오."

"뭐라고?"

"저는 올록볼록 자동차의 영업 사원으로 제가 하는 일에 긍지를 가지고 있습니다. 그런데 부당하게 사기꾼이라는 소리를 듣고 그냥 물러설 수는 없습니다. 취소해 주십시오."

H의 이 당당한 태도에 아저씨 사장님이 감동했다. 요즘 같은 세상에 자기 일에 이만큼 긍지를 갖고 일하는 젊은이가 과연 몇이나 될까 하고 생각한 것이다.

"좋아, 자네 그 태도가 맘에 들었네. 한 번 견적을 내보게."

사장이 감격했다는 얼굴로 말했다.

텔레비전 드라마에서나 볼 수 있는 장면이지만 만약 H의 이 당돌한 행동이 모두 계산된 퍼포먼스라면 당신은 어떻게 생각하겠는가. 그 운송 회사의 사장이 오래된 타입의 상대하기 힘든 사람이라는 정보를 입수하고 있었다면?

실제로 모두 H의 퍼포먼스였다. H는 미리 입수한 정보를 기초로 그 사장님이 난폭한 말투로 '썩 꺼져'라고 말할 것을 알고 있었고 '좋아, 그렇게 나오면 꾹 참자'라고 마음을 정했던 것이다.

물론 H가 쓴 것과 같은 방법이 어느 곳에서나 통하는 것은 아니다. 불에 기름을 들이붓는 격이 되어 최악의 상황이 될 수도 있으며, 상황에 따라서는 '뭐 하는 놈이야? 네 윗사람 불러와!' 라는 말을 들을 수도 있다. 그러나 중요한 것은 그런 최악의 상황이 무서워 겁을 먹으면 그것이 바로 얼굴에 나타난다는 것이다.

그리고 그런 마음가짐으로는 무슨 일을 해도 성공할 수 없다. 이것은 비단 H와 같은 영업 사원에 한정된 이야기가 아니다. 이처럼 거래에 대한 이야기가 정리될 때까지는 대등한 관계로, 그러나 일단 이야기가 정해지면 '왕'으로 모신다는 마음가짐으로 상대방을 대할 때 비로소 상대방을 설득할 수 있다.

부탁하는 쪽이 저자세가 되는 것은 당연하나, 일단 상대방이 부탁을 거절하면 원래의 대등한 관계로 돌아가야 한다는 것을 잊지 말자.

'썩 꺼져!' 라는 소리를 듣고도 히죽거리는 사람을 두고 '한심한 사람' 이라고 한다.

⇒ **배반의 힌트** ⇐
손님을 꾸짖어보자

남과 다르게 행동하는 사람

　인생 성공의 지름길은 남보다 눈에 띄어야 한다는 것인데 그 좋은 예가 작가이다. 전문적으로 십수 년 글을 계속 써오면서도 책 한 권 내지 못하는 사람들이 많다. 그러나 인기 탤런트가 글을 쓰면 금방 책으로 출판되고 화제를 모은다. 작품의 좋고 나쁘고를 떠나서 지명도가 책의 출판을 좌우한다는 이야기다.
　텔레비전의 쇼 프로그램을 보자. 출연진 속에는 분명 얼굴이나 이름은 알고 있지만 그 사람이 무엇을 하는 사람인지는 잘 모르는 사람들이 적지 않게 있다. 이러한 사람들은 '얼굴이 알려져 있다', '유명하다', 즉 자신의 얼굴을 간판으로 먹고사는 사람들이다. 그리고 유명해질수록 강연이니 집필이니 노래니 영화니 하는 일들이 밀려든다. 이것이 바로 인생의 '성공 방정식'이다. 따라서 출세하고 싶으면 샐러리맨도 눈에 띄는, 즉 남과 다른 생각을 해야 한다.

E는 모 식품 회사에 이제 갓 입사한 신입 사원이다. 그런 그가 신입 사원 환영회에서 사고를 쳤다. 술에 취해 사장의 대머리를 쓰다듬은 것이다. 그 회사 사장은 성질이 불같은 것으로 유명해 모두가 눈만 마주쳐도 덜덜 떠는데 그런 그의 대머리를 신입 사원이 겁도 없이, 그것도 많은 사람들 앞에서 쓰다듬은 것이다. 환영회장이 순식간에 얼어붙은 것은 말할 것도 없었다.

"이, 이런, 무, 무례한 놈!!"

머리끝까지 화가 난 사장의 고함 소리와 함께 환영회는 그 자리에서 끝나 버렸다. 그러나 이 사건이 E에게는 훈장이 됐다.

"허, 자네가 유명한 그 친군가?"

어느 거래처를 가든 E는 '사장님의 대머리를 쓰다듬은 거물 신인'으로 통했고 순식간에 유명인이 되었다. 이렇게 되니 당연히 영업 성적도 좋아졌다. 또한 성적이 올라가면 출세도

빨라지기 마련이다. 그리고 이 '대머리 사건'은 회사 내의 전설로 남아 E가 퇴사할 때까지 그에게 유무형의 많은 이익을 가져다 줬다고 한다.

또 한 가지 예를 들어보자.

다니고 있던 부동산 회사가 도산해서 호스트의 세계에 뛰어든 K의 이야기다. K는 가게에 들어간 지 반년 만에 몇 손가락 안에 꼽히는 소위 '잘 나가는' 호스트가 되었다고 한다. 그러면 그가 어떻게 불과 반 년 만에 그런 위치까지 올라갈 수 있었을까.

호스트라는 직업은 자기를 고정으로 지명해 주는 손님의 유무가 모든 것을 말한다. 따라서 뜨내기 손님이나 그 가게에 드나들기 시작한 지 얼마 안 된 손님이 오면, 그 손님 주위로 호스트들이 일제히 몰려들어 그 손님을 차지하기 위한 경쟁이 시작된다. 너스레를 떠는 사람, 남이 말하는 도중에 함부로 끼어드는 사람, 의미없이 소리 높여 웃는 사람 등등, 마치 모이 상자에 모여드는 닭들과 같다.

그리고 이런 점에 K는 다른 사람들과 정반대로 해보자고 결심했다. 그는 모두가 떠들고 있을 때는 아무 말도 하지 않고 모두가 웃을 때는 무표정으로 일관했다. 즉, 계획적으로 튀는 존재가 되기로 한 것이다.

그렇게 하고 있으면 어느 순간부터 손님들이 K의 존재에 신경을 쓰기 시작한다는 것이다. 그리고 손님이 흘끔흘끔 자신을 쳐다보기 시작했을 때를 놓치지 않고 K는 다음과 같은 질문을 던진다고 한다.

"장아찌를 손수 담가보신 적 있으세요?"

이렇게 툭하고 그 장소와 전혀 어울릴 것 같지 않은 질문을 던져 손님의 의표를 찔러 대화의 주도권을 잡는 식으로 K는 자신의 지명도를 높였다.

때로는 사람이 잘 안 다니는 뒷길로 가보라. 아무도 모르게 활짝 핀 벚꽃을 구경할 수도 있다. '뒷길' 또한 성공으로 가는 한 가지 방법이다.

⇒ 배반의 힌트 ⇐
다들 꺼려하는 방법을 써서라도
자기에게 관심을 집중시켜라.

여러 사람에게 동시에 돈을 빌리는 방법

나는 이전에 호스트들이 어떻게 손님으로부터 원하는 물건을 받아내는가 하는 것에 대한 이야기를 듣고 감탄한 적이 있었다.

시계를 갖고 싶다고 가정해 보자. 호스트들은 이렇게 행동한다고 한다.

"이 시계도 질렸어. 슬슬 바꿀 때가 된 것 같은데."

손님을 접대하면서 아무렇지도 않게 말한다는 것이다. 그러면 손님인 아주머니는 이렇게 반응한다.

"어떤 걸 갖고 싶어?"

"음, 글쎄. 프랭크뮬러 클로노그래프 같은 건 어떨까 싶어요. 섬세하면서도 다른 클로노와는 다르고 말이에요. 가지고 있는 사람도 별로 없고."

"얼마 하는데?"

"쓸 만한 건 2백 7십만 엔 정도 할 걸요?"

"갖고 싶어? 선물해 줄까?"

이 대목에서 금방 '응' 하고 넘어가는 건 이류들이나 하는 짓이다. 일류 호스트라면, '고마워요. 하지만 마음만으로도 충분해요' 하고 한 번은 거절한다. 그러면 참으로 신기하게도 오히려 손님인 아주머니 쪽이 몸이 달아 이렇게 말한다고 한다.

"사양할 필요 없다니까."

행여나 다른 사람이 먼저 선물하지는 않을까 하는 경쟁 심리에서다.

"됐어요."

"사라니까!"

결국 아주머니는 정색을 하고 말한다. 그리고 정말로 얼마

지나지 않아 멋대로 3백만 엔을 가지고 온다고 한다. 같은 요령으로 몇 명인가의 부자 손님에게 '시계가 필요한데'라고 말해서 각각 3백만 엔씩 가지고 오게 만든다. 다섯 명이면 천오백만 엔이 생기는 셈이다. 그리고 시계는 하나만 산다. 다섯 명의 손님 각각에게 같은 시계를 보이며 '고마워요'라고 말하면 모두 '내 돈으로 샀구나'라고 믿는다는 것이다. 당연히 나머지 천이백만 엔은 'In my pocket'이다.

이런 종류의 방법은 어느 곳에든지 응용할 수 있다.

B과장이 정원 딸린 집을 샀을 때의 이야기다. 평소 출입이 빈번한 하청업자들이 B과장에게 새집을 산 기념으로 뭔가 선물하고 싶은데 뭐가 좋겠냐고 물어왔다. B과장은 그들 각각에게 '정원에 심을 소나무가 좋겠군'이라고 대답하고는 자신이 잘 아는 조경 업체가 있다는 핑계로 현금으로 선물을 대신하게 했다. 한 회사에 10만 엔씩, 다섯 개 회사로부터 50만 엔의 돈을 받은 B과장은 나중에 그 업자들을 하나씩 따로 불러 한 그루의 소나무를 보여주며 이렇게 말했다고 한다.

"허허허, 이렇게 좋은 소나무를 사주셔서 감사합니다."
 물론, B과장의 경우도 나머지 40만 엔은 'In my pocket'이었다.

⇒ **배반의 힌트** ⇐
갖고 싶은 것은 하나만 사자

특별한 이유 없이
갑자기 거래 중지를 고하는 사람

'어떻게 주도권을 쥘 것인가.'

비즈니스나 연애나 가장 중요한 요점은 이것이다. 그리고 이런 종류의 주도권 싸움에 누구보다도 익숙한 것이 호스트들이다. 호스트와 여자 손님의 관계는 납품 업체와 발주 업체의 관계와 같다고 할 수 있다. 상하 관계는 확실하게 정해져 있으나 호스트들은 여자 손님과 사귀는 과정에서 그 처지를 역전시킨다. 어떻게 그것이 가능한지 젊고 잘 나가는 호스트인 J에게 물어봤다.

"그거야 간단하죠. 전화 한 통이면 끝나요. 전화를 걸어서 아무 이유 없이 무조건 화를 내면 돼요. 더는 만나기 싫으니까 나에게 오지 말라는 식으로 말이죠."

이렇게 말을 시작한 J는 아래와 같은 요령을 알려줬다.

일단 위와 같은 전화를 갑자기 하게 되면 여자 손님은 열이면 열 '갑자기 왜 그래?' 하고 이야기에 말려든다. 그러면 호스트는 다음과 같이 말하며 거칠게 전화를 끊는다.

"이유를 모르겠어? 바보 아냐?"

이쯤 되면 이유를 알 수 없게 된 여자 손님은 다른 호스트에게 사정조로 이유를 묻는다. 하지만 이 상담역 호스트 역시 한통속이기 때문에 모든 상황을 J에게 보고하고 지시를 받는다.

"아직 화가 나 있다고 얘기해 둬."

"네가 사이에서 어떻게 해보겠다고 말해 봐."

이런 지시를 하여 여자 손님을 더욱 혼란스럽게 한 뒤 기회를 봐서 그 여자 손님과 만난다. 그리고 아무 일도 없었다는 듯 활짝 웃으면서 '다 지나간 일이니까 신경 쓰지 마세요'라고 이야기한다. 이런 일이 한 번 있고 나면 둘의 관계에서 호스트가 완전히 주도권을 장악하게 된다.

이런 방법을 쓰는 데 있어 가장 중요한 것은 그냥 화만 내서는 일이 되지 않는다는 것이다. 화는 내되 왜 화가 났는지 그 '이유'를 알려주지 않는 것이 중요하다.

　만약 '너같이 신경이 무딘 여자는 이제 더는 싫어'라고 싫은 이유까지 말해 버리면 '그럴 리가 없어. 내 어디가 무디다는 거야? 한 번 말해 봐!'라고 여자에게 반론할 수 있는 여지를 준다. 여자 손님은 화난 이유를 몰라야 머리가 혼란스러워진다. 그리고 머리 속이 뒤죽박죽이 되어야 이쪽, 즉 호스트가 파고들 틈이 생기는 것이다.

　비즈니스도 마찬가지다.

　한 번 대담하게 '다음 달부터 납품을 중단하겠습니다'라고 말해 보라.

　'아, 그러십니까? 잘 알겠습니다'라고 대답하는 발주 업체는 절대로 없을 테니 우선 안심해도 좋다. 반드시 '도대체 무슨 일입니까?'라고 물어올 것이다. 이유는 간단하다. 상사가 그 일에 대해 물었을 때 '글쎄요… 저도 잘 모르겠군요'라고 대답할 수 있는 사람은 없기 때문이다.

그러나 이쪽에서는 일부러 답을 주지 않는다. 그리고 적당한 때를 봐서 '저, 죄송합니다. 일전의 일은 없었던 것으로 하고 다시 납품하려고 하는데 좀 도와주실 수 없을까요?' 하고 슬쩍 도움을 청한다. 이 상황까지 오면 쌍방의 관계는 이미 역전되어 있다.

"도대체 무슨 일이 있었던 겁니까?"

발주 업체의 담당자가 이렇게 물을 것이다. 그러면 이렇게 대답하라.

"아, 그 일은 없었던 것으로 해주십시오. 혹시라도 XX대리님에게 누가 되는 일이 있으면 안 되니까요."

이 한마디로 당신은 영원히 그 사람과의 관계에서 우위를 지킬 수 있다.

⇒ **배반의 힌트** ⇐
때로는 강하게 밀어붙여 보자

도둑 고양이에게 먹이를 주는 사람

"미안하지만 당분간 사무실 좀 같이 쓰게 해주지 않겠나?"
"그런 걸 뭘 그렇게 힘들게 말씀하십니까. 마음 편하게 쓰십시오."

Y는 지역 폭력 조직의 일원인 F의 이런 부탁을 단 두 마디로 승낙했다. 사무실을 얻을 때까지라고 말했으니까 길어봤자 2~3개월일 것이라 계산했기 때문이다. 그리고 지역 폭력 조직의 일원인 F에게 빚을 만들어놓으면 앞으로 무슨 일이 있을 때 도움을 받을 수 있지 않을까 하는 계산도 서 있었기 때문에 흔쾌히 승낙한 것이다. 그래서 Y는 F가 '임대료는 낼 테니 걱정하지

말라'고 제의했을 때도 '무슨 그런 말씀을, 우리 사이에'라고 호들갑을 떨면서 사양했다. 그 후 1개월이 지났다.

"어이구, 이거 정말 미안하군. 아직 괜찮은 사무실이 없어서 말이야."

F가 미안한 표정으로 이렇게 말했다.

"아이고, 무슨… 괜찮습니다. 너무 그렇게 신경 쓰지 마세요."

그리고 다시 2개월이 흘렀다. F는 도통 사무실을 찾는 것처럼 보이지 않았지만 그가 하는 고리대금 사업은 순조로워서 F는 하루 종일 빚을 갚으라는 협박 전화를 해대느라 정신이 없었다.

"너 이 자식! 새우 잡이 배에 태워 버린다!"

이쯤 되니 Y는 곤란해졌다. Y가 하고 있는 일 또한 입에 발린 교묘한 말로 대상에 접근하여 수표 등을 뜯어내는 일로 사기꾼에 가까운 일이었다. 그런데 '동경 만에 처넣어 버리겠어!'를 연발하는 F가 있는 사무실에 목표물을 불러들일 수야 없는 노릇이었다.

그런데 Y가 이런 생각을 하기 시작했을 때 F가 느닷없이 '이거 받아주게'라는 말과 함께 대형 액정 텔레비전과 소파를 내밀었다.

"아니, 뭐 이런 걸. 고마워서 어쩌나."

"아니, 별거 아니네. 너무 신경 쓰지 말라고."

이렇게 말하며 F는 Y의 어깨를 두드렸다. 하지만 Y의 마음은 복잡했다.

그리고 3개월째 되던 어느 날.

"어떻게 되어가고 있습니까? 사무실 알아보는 건 잘되고 있어요? 얼마 전에 보니 아카사카 쪽도 평당 2~3만 엔까지 내려간 모양이던데······."

Y가 어렵게 말을 꺼냈다.

"어··· 그런 모양이더군."

"아, 그런 게 아니라, 벌써 3개월이나 지났고 이제 슬슬······."

"이제 슬슬?"

F의 눈꼬리가 매섭게 올라갔다.

"설마 지금 나더러 나가라는 건 아니겠지. 염려 말고 편하게 쓰라고 한 건 도대체 어떤 놈이야? 임대료를 낸다고 했는데도 필요없다고 한 놈은 또 누구고! 그러면서 텔레비전과 소파는 왜 싫다고 하지 않았지? 어?"

"아… 아니, 제 말은 그런 게 아니라……."

"그런 게 아니면 뭐란 말이냐고! 확실히 말해 보라고!"

그리고 이런 실랑이 끝에 결국 F가 본색을 드러냈다.

"너 이 자식, 그렇게 나와 같이 있는 게 싫으면 네놈이 나가면 되잖아! 응?"

결국 Y는 보증금을 물고 다른 사무실을 계약하기까지 해서 겨우 F를 사무실에서 쫓아낼 수 있었다. 이전료까지 물어준 셈이다.

'처음부터 거절했으면 좋았을 것을…'이라고 뒤늦게 후회했지만 이제 와서 후회한들 어찌하랴. 불행은 언제나 굽실거리며 찾아온다. 즉, 남에게 불행을 떠넘기려고 할 때는 약간 굽실거리며 부탁하는 것이 최고라는 말이다.

⇒ **배반의 힌트** ⇐
굽실거리며 상대의 틈을 파고들자

고객을 가로챌 때

　비 은행 금융 기관인 A사의 영업 1과를 거느리고 있는 Z과장은 같은 업계에서 '잘 나가는 Z'로 유명한 사람이다. 골프로 검게 태운 살갗, 말쑥한 얼굴, 이미 40을 넘긴 나이인데도 어떻게 봐도 30대로밖에 안 보인다.

　이 Z과장이 같은 비 은행 금융 기관인 O사와 대출 건으로 대립하게 됐다. 대출 상대는 규모가 큰 부동산 회사인 D사로, 개발 업자가 도산하는 바람에 개발 중지된 관동 지방 근처의 골프장을 은행으로부터 헐값에 매입하여 재개발하려 하고 있었다. 그리고 거기에 필요한 자금 3백억 엔을 비 은행 금융 기관으로부터 빌리려고 했다.

  비 은행 금융 기관인 A사와 O사가 동시에 이 D사에 영업 공세를 펼쳤으나, 얼마 후 Z과장은 D사가 O사 쪽으로 기울고 있다는 정보를 입수했다.

  아무리 Z과장이 D사의 사장에게 면회 신청을 해도 받아들여지지 않았다.

  '이대로는 경쟁에서 지겠는걸.'

  이렇게 판단한 Z과장은 마음이 급해졌다. D사의 사장을 붙잡고 직접 담판을 짓는 수밖에 없었다. 그러나 자택을 찾아가거나 회사로 가는 길에 잠복하고 있는 등의 방법으로는 D사 사장의 반감을 살 우려가 있었다.

  '어딘가에 기회가 있을 텐데.'

  Z과장은 과 직원 전원을 닦달하여 O사와 D사에 관한 정보를 철저하게 모으게 했다. 그 결과 모 일 오후 7시 신주쿠 H호텔 지하 횟집에서 D사 사장과 O사 담당 부장이 회식 자리를 갖기로 했다는 정보를 입수했다.

  '좋아, 마지막 기회다.'

드디어 회식 당일, Z과장은 부하 몇 명을 거느리고 H호텔에 잠복했다. 오후 7시가 되자 O사 담당 부장과 D사 사장이 횟집으로 들어갔다. 그리고 그 후 15분 정도 지나 그 횟집의 내선 전화가 울렸다.

전화를 받은 점원은 O사 담당 부장과 잘 아는 사이인지 '부장님, 회사 분이 계산대 앞에서 기다리신다고 하는데요. 휴대전화가 안 돼서 호텔 프런트에 있는 내선으로 전화를 걸었다고 해요. 급한 용무랍니다' 라고 부장에게 알렸다.

"급한 용무?"

담당 부장이 D사 사장에게 양해를 구하고 급히 프런트로 달려갔다. 이것을 가게 밖에서 지켜보고 있던 Z과장이 가게 안으로 들어갔다.

10분 후 O사 담당 부장이 속았다고 씩씩거리며 횟집으로 돌아왔을 때 그곳에 D사 사장의 모습은 없었다. 그리고 가게 주인이 뭐가 뭔지 몰라 어이가 벙벙한 부장에게 이렇게 알렸다.

"급한 용무로 회사에서 사람이 마중을 나와 돌아간다고 전해달라 하셨습니다."

그 무렵 Z과장은 D사 사장을 대절 택시에 태워 아카사카의 요정으로 모셔가고 있는 중이었다. 그에 앞서 Z과장은 횟집에서 D사 사장에게, 'O사가 내건 조건을 말씀해 주십시오. 그것보다 더 좋은 조건으로 융자해 드리겠습니다. 그 외에 여러 가지도 포함해서…'라고 뒷돈 냄새까지 풍겨가면서 딱 잘라 말했다고 한다. 그리고 Z과장은 이렇게 승부를 걸었다.

"밖에 택시를 대령해 뒀습니다만 지금 곧 나가시지 않을 거라면 저희는 깨끗이 물러가겠습니다."

'적'과의 회식 자리에 계략을 써서 끼어든 Z과장의 그 배짱에 이미 D사 사장은 감탄하고 있었다. 게다가 조건 또한 좋고 보니 마다할 이유가 없었다.

'정신을 차리고 보니 자신도 모르게 일어나 있더라.'

이것이 이 사건의 전말이다.

⇒ 배반의 힌트 ⇐
라이벌이 자리를 비우게 만들어라

상대를 한눈에 꿰뚫는다!!
한눈에 알게 되는 그와 그녀의 속 · 사정(事情)!

■ **한눈에 상대방의 심리를 꿰뚫어 보는 법**
캄바 와타루 지음 / 김진수 옮김 | 값 8,000원

궁금하지 않나요?
상대가 어떤 사람인지, 나를 어떻게 생각하는지.

알고 싶지 않나요?
자신의 행동이 타인에게 어떻게 비치는지.

바라지 않나요?
보다 예쁘게, 좀더 멋지게, 한층 더 의미 있게,
상대에게 다가가기를.

사소한 말과 동작에 나타나는 상대의 복잡한 심리!
간단히 파악하고 절묘하게 이용하여 처세의 달인이 되자!

도서출판 **청어람** www.chungeoram.com ● TEL : 032-656-4452/54 ● FAX : 032-656-4453 ● Email : eoram99@chol.com